20代のリアル転職読本

鈴木康弘
転職BAR店主

SE
SHOESHA

はじめに

はじめましてこんにちは！　元転職屋、留学屋を経て、現在はキャリア相談のできるＢＡＲの店主、鈴木康弘です。20代のみなさん、毎日楽しく過ごしていますか？

私が20代の方々の転職相談を受けるようになったのは、２００５年春。当時、立ち上げ段階にあった、リクルートキャリアの第２新卒キャリア支援部門の、キャリアアドバイザーの１人でした。以後12年間、海外での語学学校の責任者、ＢＡＲのマスターと、立場は変われど同じ役割で、通算１万人以上の20代の人生の相談、仕事の相談に向き合い続け、５００社近くの経営者、採用担当の方から採用のご相談をお受けしてきました。

05年当時は、20代前半に対する中途採用の求人はあまり世の中に出回っていませんでしたが、少子化の進展、転職関連メディアの充実、人材エージェントの発達で、若年層の雇用は非常に流動化し、**今の20代の会社員には、本当にたくさんの転職の選択肢が用意されています。その結果、「選択肢が多すぎて何を仕事に選んだら良いのかわからない」という若者が激増しています。**

▼不幸な転職で苦しむ人が多すぎる

入社して1年も経たずに簡単に会社を辞めてしまう若者や、25歳なのに3社も経験している若者がいます。これらは「しないほうが良い転職」を繰り返したり、早すぎる転職をしたりしているケースです。

しかし、依然として「したほうが良い転職」をせずに、転職の時期を逃す人もたくさんいます。 20代後半、下手をすると30代に入ってから突然、今までの経験と全く違うことをしたいと言い出す人がいます。また、いたずらに年齢を重ね、転職のチャンスを永遠に失ってしまう人の数は減りません。

転職エージェントや求人メディアの数は増えているのに、ほとんどの企業では登録者（転職希望者）に転職してもらうことに必死にならざるを得ず、なかなか長期的視点でのベストなキャリアの提案ができていません。そして、若者の仕事に対する満足度は向上せず、雇用問題は全く解決していません。転職エージェントの社員の方々は日々、登録者を支援するために毎日むちゃくちゃ頑張っています。しかし、どうしても、ビジネスモデル上の限界はあります。元同業者の方々の「やりたいが、できないこと」「言いたいが、言えないこと」が痛いほど、私にはわかります。

今回、私が筆をとった目的は、私にしか書けない視点で、「早すぎる転職」と「遅すぎる転職」で苦しむ若者を、1人でも多く救い、日々頑張る人材業界、人事の方々を応援し、日本の雇用市場の改善にほんの少しでも寄与させていただくためです。

本書では「そもそも転職すべきか否か？」ということや、「転職活動のときに、どの人材サービスをどのように使うのが良いのか？」ということをフラットな視点で解説します。

普段は社会の表にはなかなか出てこない、「採用する側の企業」の視点。そして求人メディア、転職エージェントなどの「人材会社」の視点を**「元最大手転職エージェント→元ベンチャー企業人事→現ＢＡＲのマスター」の立場だからこそ、ぶっちゃけて全部お話しさせていただきます。**

▼多くの20代転職希望者が悩んでいること

そもそも、なぜ日本の20代の会社員はやりたい仕事がわからないのでしょうか？　まずは、次の文を読んでください。最近私がキャリアのご相談をお受けした、25歳、有名大学卒、大手広告会社勤務の女性が寄せてくれたものです。ここに、転職活動に対する彼女の本音が隠れています（一部、編集をしています）。

私にはずっとやりたいことがありませんでした。でも、やりたくないこともほとんどありませんでした。

これは、小学校あたりからの「与えられた課題・ミッションは確実にこなす習慣（私立小学校に通っていたため宿題の量が多く、『1キロメートル遠泳』など変わった行事が数多くあった）」からきていると思われます。

与えられる教育から抜け出せなかった私にはやりたいことがなく、与えられたなかで最高を目指すことしかできませんでした。

人生においてはじめて迷ったのが就職活動でした。自分は何をしたいのか、自分なりの価値基準がはじめて問われたからです。日本で教育を受けた若者で、私のような人は多いのではないかと思っています。

私自身、多くの方々に相談して助けていただきました。そして、私のように困っている人の力になることで、1人でも多くの人が、自分の可能性を信じて働けたらいいなと考えるようになりました。転職活動を通して「これがしたい」と思えることを、はじめて見つけることができました。

この方は、25歳ではじめて自分のやりたいことが「人事」だとわかり、転職活動をした結果、現在は人事として、自分のやりたい仕事をして、活躍しています。

「自分は何の仕事をしたいかわからない。でも、今の職場に勤め続ける生活は幸せではないことだけはわかる」

日本における20代の会社員の悩みは、ここにあるのではないでしょうか？

▼悩むことで自分が大切にする価値観がわかる

日本では年間50万人超の大卒者が輩出されます。そのうち、25万人以上が同じような悩みを抱えていると思われます。それは、彼らのせいではありません。**あなたが今悩んでいるとしても、それはあなたのせいではありません。**

「良い大学に行き、大きな会社にいくことが正しい」。そういう価値観を若者が持ち、与えられた仕事に文句を言わずに働く優秀なサラリーマンになるように、日本の教育システムはつくられています。

なぜか？　それは、日本政府が法人税を確保するためです。できる限り、国民を大企業に押し込んだほうが、税金が取りやすい。簡単な論理です。そのために、各省庁、教育機関、経済団体、大企業が若者たちにそのような価値観を植えつけてきました。自分自身の考えではなく、社会の既得権益者にとって都合の良い価値観、考え方をインストールされています。

だから、「自分がやりたい仕事」がわかりません。

私自身も、そういう教育を受けて育った1人です。有名大学を卒業し、大手メーカーに勤務する父親がいる幸せな家庭に生まれ育ち、なんとなく勉強を頑張って、なんとなく有名大学に進学し、なんとなく大企業に就職しました。完全に敷かれたレールに乗った人生です。これで幸せになれればよかった！

ところが、全然会社に行くのが楽しくない。毎日が幸せじゃない。つらすぎて死にそう！

「じゃあ、自分はどういう仕事についたら幸せになれるのか？」

むちゃくちゃ悩み、自分なりの進路の答えを出したのが24歳のときです。1度の社内異動、1度の転職、1度の起業を経て、計画通りに適切な努力をして「自分が一番やりたい理想の仕事をする」ことを実現できたのが30歳のときです。ぶきっちょなので、6年もかかっちゃいました（笑）。

日本の若者は、就職してからはじめて本気で自分の人生を考えます。人間、窮地に追い込まれないと本気で脱出する方法を考えませんよね。

あなたは今、仕事に悩んでいますか？
悩んでいるのであれば、おめでとう！

あなたは、「自分なりの価値観・やりたいこと」を持った大人への入り口に立っていて、自我が芽生えようとしています。「自分のやりたいこと」を仕事にする人生のドアは目の前にあります。でも、開けるには「行動」が必要です。とっても大変なことです。開け方のコツは、残念ながらあまり知られていません。なぜなら、あなたにその価値観を植えつけて自我を奪い、既得権益を確保したジイさんたちが困るからです（笑）。

だから、この本を手に取っていただいたあなたに、20代の頃に同じ悩みを抱え、克服したオジサンがこっそりとコツをお教えしましょう。本書は、私からあなたへ贈る「自由へのカギ」です。それでは、隠されてきた「20代の転職に関する真実のお話」のはじまりはじまり～。

鈴木康弘

もくじ

第1章 働いてキャリアを積むってどういうこと？

キャリアをどう考えるべき？ 014
キャリアを考えないとどうなる？ 020
キャリアの積み方を教えて下さい 024
仕事を通じた成長って何？ 030
今の会社に居続けてもOK？ 034
今の会社で出世できるか不安です 038
転職先で全力を出せばOKですか？ 042
ハッピーに働く方法は？ 044
収入と幸福度の関係は？ 047
給料より好きな仕事を優先すべき？ 051
転職で成功した人は何が違うの？ 056
最低でも3年間働くべきですか？ 059
1年で辞めたけど挽回できる？ 063
第2新卒って正直どうですか？ 067
社風の違う企業で働くべき？ 070

第2章 転職サイトが教えてくれない転職活動の進め方

就活のときと何が違うんですか？ 074
企業の目線ってどんなもの？ 078
転職サイトはどれを選ぶべき？ 084
エージェントとの付き合い方は？ 088
エージェントはどう選ぶ？ 094
エージェントとの相性は大切？ 100
ベンチャーに行くのはアリですか？ 104
簿記などの資格は必要ですか？ 108
英語力は必要ですか？ 115
社会人でも自己分析は必要ですか？ 120

第3章 「本当に良い会社」の探し方

ブラック企業で働きたくないです 130
成長できる職場に行きたいです 138
異業種の転職はリスクが高い？ 142
未経験者OKって実際どうなの？ 146
OB・OG訪問はすべき？ 152
募集要項の条件を満たしてません 154
社風が合う職場はどう探す？ 158

第4章 面接と職務経歴書の落とし穴

職務経歴書を書く際の注意点は？ 162
職務経歴書は1種類で大丈夫？ 166
やる気をどうアピールすべき？ 168
面接官はどこを見ている？ 173
面接のスケジュールは変更可？ 178
給与交渉をしても大丈夫？ 180
何社も同時に受けるのが大変です 184
転職活動に必要な期間は？ 188
離職中の転職活動ってどうなの？ 193

第5章 意外に知らない内定後の「ルール」

内定ブルーになってしまいました 198
選考途中で辞退して平気ですか？ 202
退職を願い出るタイミングは？ 205
家族に相談するタイミングは？ 208

〈特別企画〉
3大転職サイト関係者の匿名座談会 212

第1章
働いてキャリアを積むってどういうこと？

キャリアをどう考えるべき？

まず、自分の価値観を見つめよう

「キャリア」という言葉はよく使われますが、一体どんな意味なのでしょうか？　**本書では、「キャリア＝稼ぐ力」と定義することにします。**

簡単にいうと「キャリアが強い」＝「稼ぐ力が強い」＝「仕事の選択肢が多い」＝「失業しにくい」＝「出世しやすい」となります。

人間誰しもが、「より良い仕事につきたい」「失業したくない」とは考えるはずです。雇用の安全を担保するためには2つの方法があります。

1つ目は昔ながらのやり方ですが、「所属」によって雇用を担保する方法です。これは、終身雇用の会社に入社し、退職まで約40年間、会社が倒産せず、業績も悪化せず、リストラに遭わなければ達成できます。

正しい知識をつけないと情報に振り回される

しかし、そのやり方が通用する安定企業が、ほとんど日本社会に存在しなくなってしまったことは、皆さんのご存じの通りです。また、どうしてもやりたくない部署の仕事に配属されても、何年、何十年も退職することはできなくなります。

2つ目の方法は、「キャリアの強さ」によって雇用を担保する方法です。どこの会社でも即戦力として採用される人材になれば、失業も怖くありませんし、自分の好きな会社の好きな仕事に、サーフィンの波に乗るように渡り歩いていくことが可能です。

ですから、みんな「強いキャリアを積みたい」と考え、資格を取得したり、転職をしたりします。

▼〝強いキャリア〟に関する誤解

しかし、**怖ろしいことに、働く人のほとんどが「キャリアを強くする方法」に関して大きく勘違いしています。**

勘違いをしてしまう原因は、あまりにも多くの転職ビジネスや資格ビジネスが社会に存在し、彼らの利益が最大限になる情報が優先的に流れていることにあります。また、善意で発信されている情報でも、受け手側が誤って認識をしてしまうことも挙げられます。

その結果、損をする転職（転職屋さんは儲かる）や、役に立たない資格取得の努力（資格屋さんは儲かる）をしてしまうのです。言い換えると、正しい情報を知らないために無駄な努力、しなくていい苦労をしている人が本当に多いです。

あまり知られていない〝転職の事実〟の代表的なものは次の通りです。

- 雇用は需要と供給のバランスで成り立っている
- 採用は志向性よりも適性を重視してなされる
- 所属する企業よりも何ができるかで強さは決まる

- 学歴よりも職歴のほうが遥かに重視される
- 選考では適性検査が面接よりも重視されることがある
- やりがいの大きい人気のある仕事ほど給与水準が低くなりやすい
- ホワイト企業の中にもブラック部署はたくさんある
- 職種を変える転職は基本的に25歳まで
- 業種を変える転職は基本的に29歳まで
- 業界と職種の両方が未経験の仕事に転職することは極めて難しい
- 1回の転職でやりたい職業につくのは難しいが、計画的な転職を2回すれば可能になるケースは多い

いかがでしょうか？　「えーーーー！　そうだったの？」と驚いてしまう項目もあるのではないでしょうか？

▼転職業界の〝常識〟が知られていない理由

これらは転職エージェントの間では「常識」に近い事柄です。しかし、**あまりにも厳し**

いリアルな情報を出してしまうと、相談に来る人自体が減少してしまうことや、ノウハウが社会に流通し過ぎると、みんなが「自分で転職すればいいや！」と思ってしまうこともあるのか、あまり社会に公開されていません。

今回は私が知る範囲にはなりますが、これらの専門知識に関して包み隠さず、順番に解説していきます。最小限の労力で、最大限強いキャリアを長期的につくるコツです。

一方でキャリアを強くすることを必要以上に重要視し過ぎて一生を歩んでいくことも考えものです。というのも、**「キャリア＝稼ぐ力」を高めることは、あくまでも自己実現のための「手段」の1つであり、それ自体が目的化するべきものではないからです。**どれだけ仕事ができるようになり、年収が上がったって、人生自体が楽しくなかったら、何の意味もないと思いませんか？

大切なのは、5年後、10年後、30年後の自分の幸せなライフスタイルを思い描き、具体化すること。どこに住んで、誰と過ごし、何人家族で、何時に会社を退社して、休日はどの程度取るのか？　その暮らしの実現のために、いくら給料は必要なのか？

それを実現するための手段の1つとして、仕事があります。

「キャリア」と「ライフスタイル」は切っても切れない関係なのですが、その2つをきちんと関連づけて考えられている人は、実はとても少ないのです。仕事で活躍していて高い評価を受けているのに、全く幸せではないという人がたくさんいるのはそれが原因です。

▼仕事とライフスタイルの希望を明確にしよう

「自分は何の職業にどういったスタイルで取り組んでいる人になりたいのか」を考え、それに従って目標を設定し、そこにたどりつくために必要なことを順番にやっていけば、ゴールに到達できる確率は何倍も上がります。

将来のことを、できるだけ具体的に思い描いてみましょう。具体化すれば具体化するほど、直近の1年間で何をやるべきか、3年後には自分がどうなっているべきか、5年後、10年後には何ができるようになっていれば良いのか、ということが明確になってきます。

そうはいっても、「よくわからない」というのが正直なところだと思いますので、私が過去接してきた転職のご相談から、できるだけ多くの具体例をこれから説明していきます。

キャリアを考えないとどうなる?

会社から必要とされなくなります

キャリアをきちんと考えないと次の2つのパターンに陥ります。

1つ目は、20代のときに安易な転職を繰り返し続けて職歴がバラバラになったまま30代を迎えてしまった人。年齢相応の強みを持ったキャリアがありませんから、苦労をします。

2つ目。これは落とし穴なのですが、20代で1つの会社で1つの仕事を一生懸命頑張ったのに、30代になってから苦労する人です。

たとえば、コピー機の訪問販売をするAさん。どうやればコピー機をたくさん売ることができるかを熱心に考え、実行してきました。結果、販売数は店舗でもトップクラス。でも、35歳になったある日、突然会社から「マネージャーになって」といわれます。

Aさんはコピー機を売ることだけを考えてきましたから、組織のマネジメントについては、全くわかりません。うろたえつつも、部下を持ち、一生懸命指導しようとしましたが、チームとしての成績は下がってしまいました。

会社にいづらくなったAさんは、自分の販売手腕を活かせる会社への転職を考えますが、どの企業に面接に行っても、「組織のマネジメントはできますか」と聞かれます。Aさんは徐々に自信を失っていきました。

1つのことを極めるぐらいに仕事に没頭した人でも、その分野が応用性の低いものだったり、体力だけがものをいう分野だと、将来的には袋小路に陥ってしまいます。

▼会社は本当のことを教えてくれない

なぜこのようなことが起こるのかというと、働いている個人と、企業の目的が異なるからです。働いている個人に対して、企業が最適なキャリアパスを提示してくれるわけではありません。**企業にとってのテーマは、今いる人材を使って、どうやって最大限お金を稼ぐかということ。個人のキャリアパスやライフスタイルは、その人が稼いでくれているうちは、正直どうでもいいことなんです。**ですから、「このままいけば将来は頭打ちになるだろうな」という人に対しても、企業は黙って雇用し続けます。

キャリアを積むのに失敗しやすい例

❶職歴がバラバラ

営業 ➡ 経理 ➡ 生産管理

❷20代で1つの仕事しかしてこなかった

●●の営業歴10年

売上トップ3回

取引先の信頼

❸入り口ですでに選抜されていた場合

幹部候補

兵隊

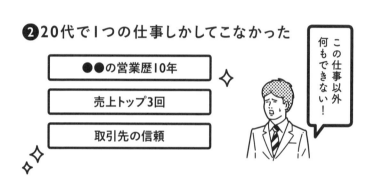

勝負は30代になるより、もっと早く決まっていることもあります。一般職や地域限定総合職、総合職など、新卒のときにどの「入り口」からその企業に入るかによって、その後に進むことができる道が限定される会社は少なくありません。

大手金融機関や総合商社の場合、出世コースに乗れるかどうかは、27～28歳でほとんど決まります。だけど、出世コースに乗っていない人に、「あなたはコースからはずれてしまいましたよ」と告げると、その時点で、辞めてしまうので教えてくれません。

そして、30代や40代になって、徐々に賃金が高くなっていくと、キャリア設計をせずに来た人たちは、社内での不採算物件になっていきます。

「頑張っていれば、必ず会社は評価してくれるはず。生涯自分の雇用を守ってくれるはず」と考える人は少なくありません。はっきり言って、その考えは甘い。**企業にとって必要な人材は、「頑張っている人」ではなく「必要とされる能力を持った人」です。**

キャリアパスを考えることは、そのような道をたどらないための自衛策です。きちんと設計し、スキルを身につけておけば、引く手あまたの会社に依存しない人材になることができるのです。最近の日本では、巨大企業であっても業績悪化によってリストラされることが少なくありません。**「その会社の中でしか通用しない人材」では、生き残れない時代です。**

キャリアの積み方を教えて下さい

焦らずに1つずつ上を目指そう

いわゆるホワイトカラーの仕事は、営業系か管理系か技術系の3つに大きく分けられます。管理系には人事、経理、法務といった仕事があります。技術系は、システムエンジニアとか設計エンジニアとか、建築業界なら施工管理や設計をする人ですね。

この2つと比べると、営業という職種は、どうすればキャリアアップできるのか、どんな仕事のキャリアの価値が高いのかちょっとわかりにくいかもしれません。

たとえば経理であれば、簿記2級、簿記1級、税理士、公認会計士というように、資格ごとに、任される仕事も変わってきます。最初は伝票の整理から始めて、仕事をしながら資格の勉強もして、資格を取得したら、決算に関わるようになり……というようなコースですね。

ホワイトカラーの職種は営業が多い

求人数 No.1　営業系
- 法人営業（中小企業・大企業）
- 個人営業（富裕層向けなど）

求人数 No.2　技術系
- SE
- 設計
- 研究

求人数 No.3　管理系
- 人事
- 法務
- 経理

営業系が圧倒的に多く、管理系はあまり多くない

技術系のシステムエンジニアなら、プログラミングの技能レベルで最初は階層が決まるでしょうが、人に指示が出せるか、プロジェクトの管理ができるか、全体の工程の中で仕様決定に携わるのか、詳細部分をつくるのか、などによって階層が分かれます。

しかし、これは筆者のざっくりとした感覚ですが、ホワイトカラーの仕事全体を見ると、管理系は5％、技術系は20％程度です。残りの75％、つまり圧倒的多数の人が営業系職種に分類されます。そして、営業キャリアの構造って、知られてるようで全く知られてないんですね。皆さんも、「どんな営業が優れた営業ですか」と聞かれて、すぐ答えることは難しいのではないでしょうか。

▼優れた営業のスキルとは？

その答えを知るためには、企業が採用を決定するために、どんなところを見ているかを考えればいいでしょう。これは後々詳しく説明しますが、簡単にいえば、**「会社により多くの利益をもたらしてくれる人」を企業は選んで採用をします。** ある企業の面接で100人の応募者の中から1人だけ採用するとしたら、一番多く売上を上げられる人を採用して、そうじゃない99人を落とす。これが面接です。

会社がより大きな利益を手にしようとすると、その方法は、売上を上げるか経費を下げるかの2択です。営業系は、このうち、売上を上げることを担う職種です。

「営業職」という職種が会社で果たす役割を考えれば、営業の仕事も階層が見えてきます。業種を問わず、営業職の給与は、おおよそ「獲得利益÷5＝給与」です。月給20万円欲しければ毎月100万円の利益を。月給50万円欲しければ毎月250万円の利益を会社にもたらせば、お給料がもらえます。つまり、「一番高い売上」「一番高い利益」を会社にもたらすことのできる人材が、一番価値の高い人材です。

では、一番効率よく売上を伸ばす方法は何でしょうか？　それは「より資本力の高い相

手」に「より高い商品」を「より高い粗利」で「短期間」で「継続して」売ることです。

資本力の観点では、個人が相手であれば、一般客よりも富裕層相手に営業できる人のほうがキャリアの価値は高い。

個人よりも、法人のほうが購買できる資本力が高いですから、個人営業よりも法人営業のほうがキャリアの価値が高い。

法人営業の中では、中小企業よりも、大手上場企業に対して営業できる人。一般社員や課長相手よりも、社長や役員を相手に営業できる人の価値が高い。取引の属性の観点では、一度の売り切りの取引ではなく、何年間も継続する取引を勝ち取る営業のほうが価値が高い。

商材の観点であれば、同じ性質の商品であれば、低単価の商品よりも、高単価の商品を売れる営業のほうが価値が高い。

さらには、モノよりも、サービスを売るほうが一般的には粗利率は高くなりますから、無形物を売ることのできる営業はその分価値が高い。

外資系の金融業や、コンサルティングファームが高収入の業界だということは誰しもが聞いたことがあると思います。その一因は、彼らが売っているものが、無形物で、高単価

営業職の階層

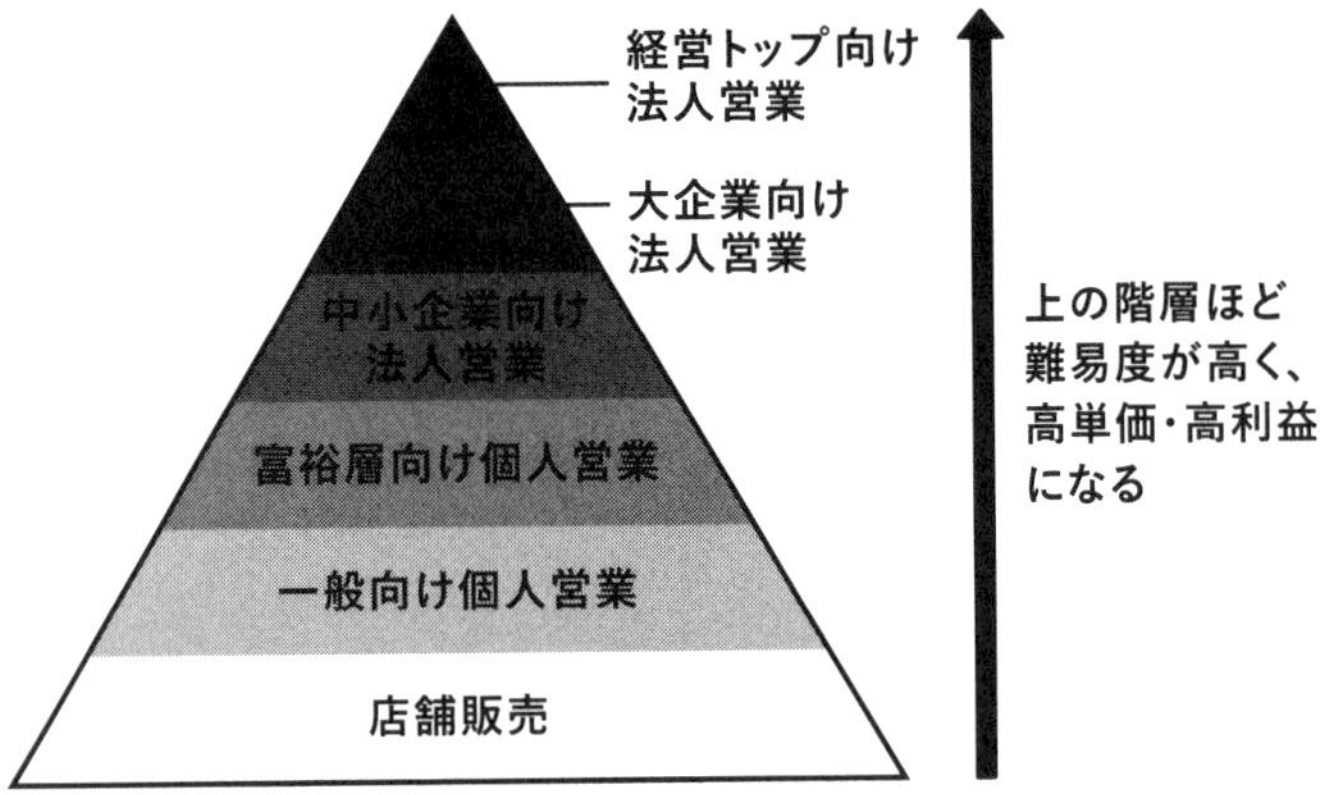

で、高利益率であるからです。目に見えないものを、相当な高値で売る職種は、当然ながら、難易度が高いですから、相応に高いビジネススキルが要求されます。

▼上流を目指して泳ぐべし

さて、これで営業のスキルアップについても、だいたい理解できたのではないでしょうか。店舗に商品を並べるだけの状態から、一般層向けの個人販売、富裕層向けの個人営業、中小企業向け法人営業、大手企業向け法人営業、経営トップ向けの法人営業というピラミッドがあるとイメージしてください。

上流から下流に下がるのはそれほど難しくはありません。外資系金融で1億円の証券を販売していた人からすれば、3000円の服を売るのは簡単でしょう。スキルアップはこの逆で、下流から上流に上がらなければなりません。正直なところ、30代以降になると、1つ上の階層に上がることはかなり難しくなります。ほぼ無理と言っても良いかもしれません。**だから、自分が最終的にどこを目指すのかを考えて、最初のスタート時点を設定するのが理想です。**

20代であれば、転職の際に、ピラミッドを1つ上がるのは、そんなに難しくありません。2段飛ばしは結構大変です。

まずは、自分が現在属する仕事のキャリアの価値と自分が将来的に目指している仕事の難易度が、ピラミッド型の構造のどの位置にあるのかを正確に捉えることが重要です。それができたら、「この階段を上るために、1年後には○○ができるようになろう」「3年後には××ができるようになろう」と具体的な目標を設定します。あとは、シャケが川の上流を目指して泳いでいくように、まっすぐに泳いでいけばうまくいきます。

一生懸命泳いでいると思っていても、実は上に向かっていなくて、横向きや下向きに泳いでいたなんてこともあります。それではあまりにも悲しいですから、頑張る前に、頑張る方向性、到達するための手段が正しいのか、しっかりと確認をしましょう。

仕事を通じた成長って何?

より多く利益を出せることです

仕事を通じて成長することでどんな人になりたいか。多くの同僚に愛されるようになりたい、早く仕事を終わらせられるようになりたい。人によっていろいろでしょうが、雇う側の会社の目線で見ると、どうでしょう。結論からいうと、先ほど説明したキャリアアップの考え方と同じような結果になります。

▼市場価値の高い技術者とは?

軍事衛星をつくれる技術者と、アルミ缶をつくれる技術者を比べてみると、軍事衛星の技術者のほうが、給与は高そうですよね。なぜかというと、軍事衛星のほうが値段が高く、より高い技術力が必要とされるからです。さらに軍事衛星は製品のライフサイクルが長く、しょっちゅう買い換えないので、メンテナンスで莫大なお金も取れます。他社が追随できないような技術を持っていれば、20年、30年と継続して受注し、長い期間の安定した利益につながる。この「利益」というのが重要なポイントです。

より短期間で、より高い値段で売れる製品を開発し、その製品をより安いコストで作成し、よりロングセラーにできる。そんな技術者のAさんは会社に多くの利益をもたらしてくれる。だから、そういう技術者は市場価値が高くなります。逆にすぐに必要とされなくなるような賞味期限の短い商品を開発する技術者であるBさんは、会社からすれば価値が低い。仕事における成長というのは、Bさんの立場からAさんの立場を目指すということになります。

技術者に限らず、モノだろうが、サービスだろうが、考え方としては同じです。

法務であれば、より高い値段の訴訟を、より有利な条件で勝ち、より多くの金を取れる弁護士が強い。経理であれば、より多くの金額を取り扱う企業において、より多い金額の節税をし、より多いお金を銀行からより低い金利で引っ張ることができる人が強い。

そして、あらゆる職種で、その人がいくらのお金を生んだのかは計算することが可能です。自分が成長しているかを確認するには、以前よりも大きな利益をつくれるようになっているかを見れば良い、ということになります。

この考え方は、現場の人にしか適用できないのではと思う人もいるかもしれませんが、管理職も同じように考えることができます。生産性の低い部下10人をマネジメントする人よりも、より高い生産性の部下を10人マネジメントできる人のほうが価値が高いし、10人ではなく、100人をマネジメントできたら10倍の利益を出していることになります。

もちろん管理職には人徳や、マネジメント力という要素も要求されるのですが、企業が見ているのは、何人マネジメントして部下たちの利益を何%上昇させることができるか。より生産性を上げられるレベルの高い人を、より多い人数仕切れる人ほど強くなります。最終的な成果は、結局のところ数字で計算され、働く人の評価は決まります。

▼雇う側の目線を意識する必要性

そう考えると、なんだか温かみのない感じがしますね。でも尺度としては、やっぱりそれを考えざるを得ないんです。このことは、ちゃんと自分で意識しておいて損はしません。

たとえば、目の前に2つの仕事があるとします。一方は大きな利益を上げられるが、やりがいは感じにくい。一方はやりがいは大きいが、利益はほとんど上げられない。ずっと

マーケット目線でみた「成長」とは?

✕勘違いしがちな「成長」

- 社内での表彰・賞賛
- やりがいのある仕事ができている
- 同僚や取引先を幸せにしている
- 社内の肩書きだけが上がっていく

➡ 自己満足

○評価される成長

- コスト削減ができる
- 高単価・高利益の商品を開発できる
- 低い金利でお金を調達できる
- 部下を率いて売上や利益が出せる

➡ 具体的な数字を出せる

やりがい優先で仕事を選んでいると、いつまでたっても会社目線での成長はできないことになってしまいます。

こんなこと、学校では教えないし、もちろん会社説明会でも説明はされません。**でも本当は「君らには●●●万円稼いでもらわないと、いずれ追い出すよ」みたいなことを企業は考えています。**さらに、「君は今、売上を上げてくれているけど、君がやってる商材は10年後、当社は撤退するよ」なんてことも会社は言いません。「10年後に君は要らなくなるけど、あと10年頑張ってね」。これも絶対に言いません。

だから、雇う側の目線で考える癖をつけることは、自衛という意味でも重要になります。

今の会社に居続けてもOK？

財務状況も見て判断しましょう

さて、ここまでは、転職することを前提に説明をしてきましたが、転職せずに異動しながら今の会社の中でキャリアを積むというときにも、これまで紹介したやり方は有効です。この会社のこの部門で実績を積んで、そのあとはこの部門に移ってというように、先が見通せるようなら、必ずしも転職する必要はないわけです。

▼会社の財務状況を確認しよう

ただ、「今の会社で頑張るぞ」と判断する前に、会社の健康状態はきちんと把握しておきましょう。会社の健康状態といわれても、ピンと来ないかもしれませんが、「会社の雰囲気は良いし、大丈夫じゃないかな」というような、なんとなくでは不十分。ではどうすれば良いかというと、会社の財務状況を確認しましょう。

自分の会社の財務状況を知らずに働いている人は、実にたくさんいます。あなたは知っていますか？

財務状況を確認する1番簡単な方法は、ＩＲ情報に目を通すことです。ＩＲ情報というのは、企業が投資家向けに公開している情報。どのぐらいの売上があって、利益率は何％で、これから重点的に取り組む分野は……などの情報が記載されています。10年から20年分も過去にさかのぼって調べてみれば、自分の会社が上り調子なのか、下り坂にいるのかということもわかってきます。

このとき、自社だけでなく、競合他社のＩＲ情報と比較しながら見てみましょう。自社が伸びていて、他社が落ち込んでいるなら、無理に転職する必要はありませんよね。でも、ライバルの数社は伸びているのに、自社は業績が落ちていたら……。そのときは真剣に転職を検討してみても良いかもしれません。

▼ポイントはシェアと営業利益率

「ＩＲ情報なんて見たことないよ」という人も大丈夫。専門知識は必要ありません。この

会社の財務状況をチェックしよう

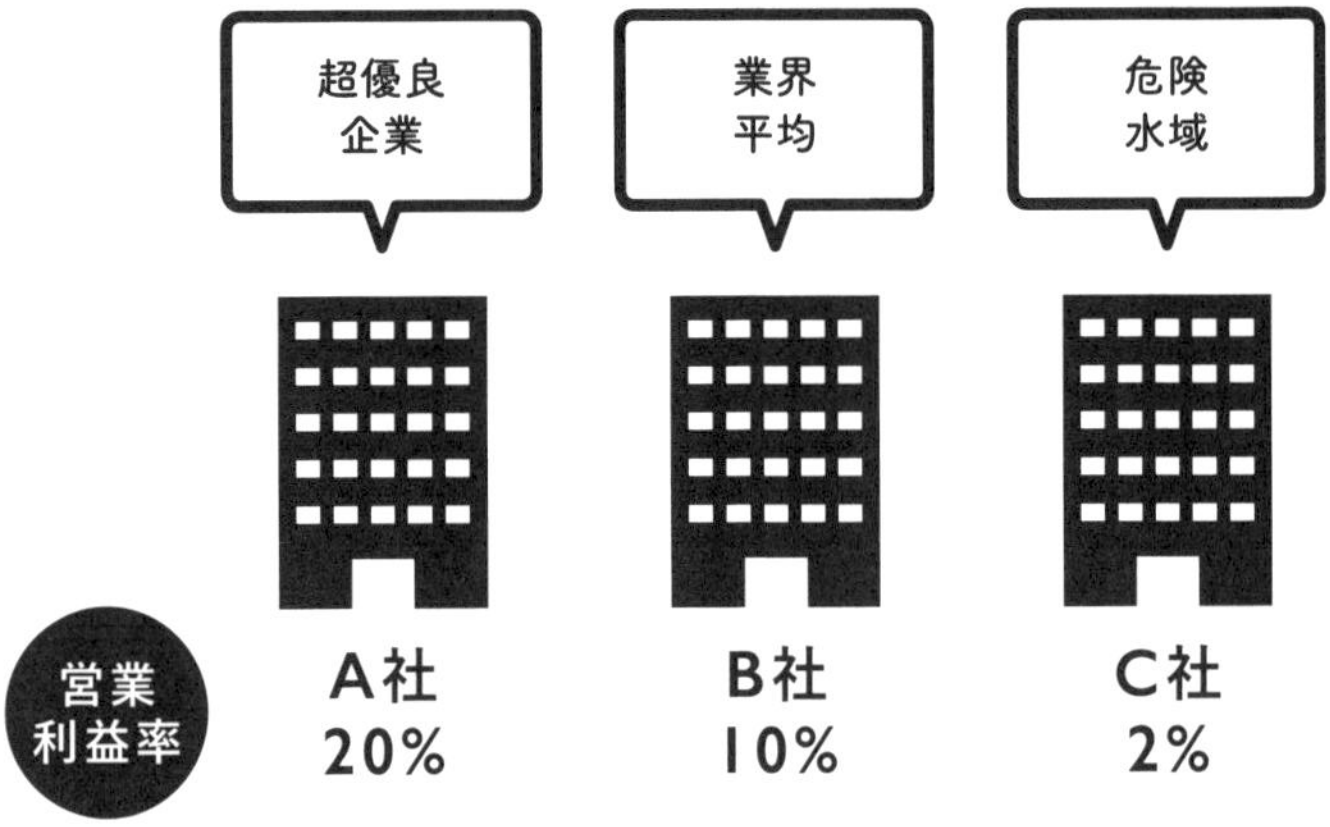

ときチェックすべき項目は限られているからです。

重要なのが営業利益率です。これを見ると、会社の生産性がわかります。注意すべきは、「売上」で比べてはいけないということです。

他社と比べて同じぐらいの売上があったとしても、自社の営業利益率が2％で、他社が20％だったとすると、他社のほうが10倍生産性が高いということになります。

実は、最終的に生き残る強い会社というのは、売上高やシェアの大きさではなく、営業利益率で決まります。 たとえば、あるメーカーの営業利益率が5％だとしましょう。原材料価格が50％高騰してしまえば、利益はすべて吹っ飛び、赤字に転落するでしょう。

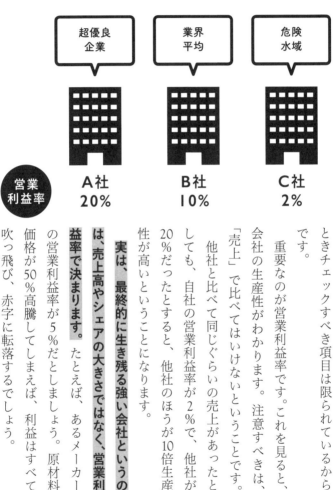

その状態が続けば、いずれは倒産です。

▼ウェブで簡単に検索できる

しかし、世の中には営業利益率が40％を超えているような、超優良メーカーもあります。そういう企業であれば、同じような状況でも耐えられる可能性は高いです。

自社の営業利益率が業界平均と同じぐらいなら普通。半分以下だったら生産性の悪い企業。2倍以上だったら優良企業です。そして0％付近をうろちょろしていたら危険水域。もしも、ゼロを切っている赤字の状態が3年連続で続いていたら、これは本気でやばいと覚悟したほうが良いです。

上場企業に勤めているなら、便利なのが企業価値検索サービスの「Ullet（ユーレット）」という無料のウェブサービスです。投資家がどの企業に投資をするか決める際、よく参考にされるサービスで、企業の業績をグラフ化して表示してくれるので、会社の健康状態が一目でわかります。

今の会社で出世できるか不安です

社内に居場所があるかを考えよう

出世できるかどうかは、自分を客観視する能力にかかっています。同期と比べてみて、自分はどのぐらい優秀なのか、何番目に会社にとって必要とされている社員なのか、あなたは客観的に見ることができていますか？

同期の中で、あなたの成績はどんな位置にあるでしょう。下位20％にいるとしたら、これはピンチです。将来的なリストラ候補になることは避けられません。

選択肢は2つだけ。今の会社で上位50％に食い込めるように努力するか、それが無理なら、今の会社を辞めて、もう少し競争環境がゆるい会社に移るかです。つまり、自分が勝てる会社に移籍をして身を守るということですね。

今はまだ給与や待遇にそこまでの差がなくても、時間がたてばたつほど、会社内の勝ち

今の会社で出世・活躍できるか？

- □ 同期の中で実力が上のほうである
- □ 自分と似たタイプの人が出世している
- □ 50歳のとき居場所がある
- □ 他部門で活躍できそう
- □ 経営幹部からかわいがられている
- □ 自分より有能な年下社員に慕われている
- □ 将来有望な事業領域で活躍できそう
- □ 幹部ポストが親会社からの出向者で占められていない

可能性が少ない
と思ったら
早めに見切りを
つけるべし

組と負け組の差ははっきりしていきます。そして、たいていの場合、人は自分が勝てるという根拠を持っていないし、自分が負ける未来を想像してもいません。だから多くの人は、逆転の可能性がないほどに負けてから気がつきます。

▼業績が優秀でも転職したほうが良いときもある

例として、私自身の話をしてみましょう。私は25歳で、当時勤めていた会社を退職しました。入社当初は苦労したが3年目でようやく花が開き、業績優秀者として所属部門最年少で表彰され、周囲から将来にご期待をいただきはじめた矢先の転職です。

しかし、15人いた同期のうち、学歴は一番下のほうでした。東大と京大の出身者には、頭の良さで負けてしまう。「この会社にいたら営業課長でドン詰まり↓その後平社員に格下げかな」と考えました。40歳近くになっても、私は営業マンとしては成績優秀だろう。おそらく、人生で最も充実した幸せな会社員生活を送っているときだと思います。

しかし、50歳になったとき、若い頃のようには働けなくなっているでしょう。また、課長の私が50歳で、部下が25歳、という具合に年齢が開き過ぎると、マネジメントが難しくなっていきます。40代の部長から見ても、年下の課長のほうが使いやすいです。

経歴も営業一本で、事業企画や経営企画などへ転属できる可能性も薄い。

つまり、「35歳の新進気鋭の課長に負けて居場所がなくなる50歳の私」の予想が入社3年目、25歳の時点でできたわけです。

そこで、1社目で培った採用スキルを武器に、海外ベンチャーに転職しました。

▼定年までの自分をリアルに想像しよう

20代の頃の業績が良かったり、会社から良い評価をもらっていても、それは必ずしも10年後、20年後の自分の将来を保障してくれるわけではありません。私は会社からの評価にあまり意味は感じませんでした。

社員をほめれば、より長く勤めてくれる。だから、会社は高い評価をし、ほめたたえる。それだけのことです。そのときに高い評価をもらっていたからといって、舞い上がって思考停止に陥るのは大きなリスクです。「勝って兜の緒を締めよ」です。**あくまで冷静に、客観的に、自分の能力や伸びしろを社内外のライバルたちと比較しましょう。**

会社で長期的に活躍できる適性が自分にあるか、社内の競争の中で勝ち残れるかということは、同じ会社に残りたいと思っている人ほど、本当はきちんと考えなければいけないことです。ぶっちゃけてしまえば、どうやっても勝てない優秀な人はいるわけです。その人と競争し続けたほうが良いのか、それとも、自分が勝てる土俵を探すのか。

それは、転職に限らず、社内での部門のキャリアパスでも同様です。

将棋では何手先を読むかが重要といわれます。定年まで勝ち続け、王手を取れると確信したのなら良いのですが、将来、詰みが待っていそうだと感じたのなら、早くリスクを察知して行動を起こしたほうが安全な場合が少なくありません。

転職先で全力を出せばOKですか？

現職の仕事も全力でやりましょう

どうせ転職するからと、目の前の仕事に全力を出さない人がいます。そういう人と、我慢して仕事を頑張っている人、どっちが転職した先でうまくいくかというと、絶対に後者です。

転職というのは、より自分の理想に近い仕事や働き方を実現させるために行うものですが、転職したからといって、自分の理想と完璧に一致する仕事をいきなり任せてもらえるかというと、そんなことはありません。**やりたい仕事に近づくためには、任せてもらった仕事で80点の及第点ではなく、１００点や、上司も驚くような１２０点の結果を出すことが必要です。**そうすれば上司も「この優秀な部下にこのレベルの仕事を任せるのはもったいない」と、より高いレベルの仕事で使ってみようと考えるのです。

高い得点を出してくれる人は会社にとって利益を上げてくれる存在ですから、できるだけ辞めないでほしい。飽きないようにもっと難しい飽きない仕事、もっと本人が好む仕事を振ってくれるようになります。

そうなってくると、社内にいたままでも、まるで転職したかのように、よりレベルの高い仕事の部署に異動する可能性も出てきます。さらには階層も上がり、出世もしていきます。一方で、全力でやっていない人は、当然職級が上がることも、ほかのところに異動して専門性を高めるチャンスももらえない。つまらない仕事、おいしくない仕事ばかりが集まってきます。

▼他部署への異動を考えたほうが良いケースもある

だからどんな仕事に対しても、全力でやるのが大前提です。全力で尽くしたいと思える仕事が他部署にある会社であれば、すぐに転職を考えずに、他部署に異動できる可能性を追求したほうが上策です。でもどこに異動してもやりたい仕事がないだとか、もう業界自体が沈没していてどう頑張っても先行きが暗いとか、そういう場合は転職を考えましょう。

ハッピーに働く方法は？

仕事の満足度を分析してみよう

今、自分はハッピーに働けているというのなら問題はありませんが、不満があるという人は、一度、その漠然とした不満をきちんと分析してみましょう。転職先選びがはかどりますし、「実は俺、転職しなくて済むんじゃないかな」と気づくこともあります。

▼仕事の満足度を決める4つのファクター

「満足度を分析」といわれると、難しく感じてしまうかもしれませんが、**仕事の満足度のファクターは、大きく分けると4つしかありません。**収入、時間、やりがい、同僚との人間関係、これだけです。

ほとんどの人は、2つ以上40点以下があると、辞めたいという気持ちが強くなります。

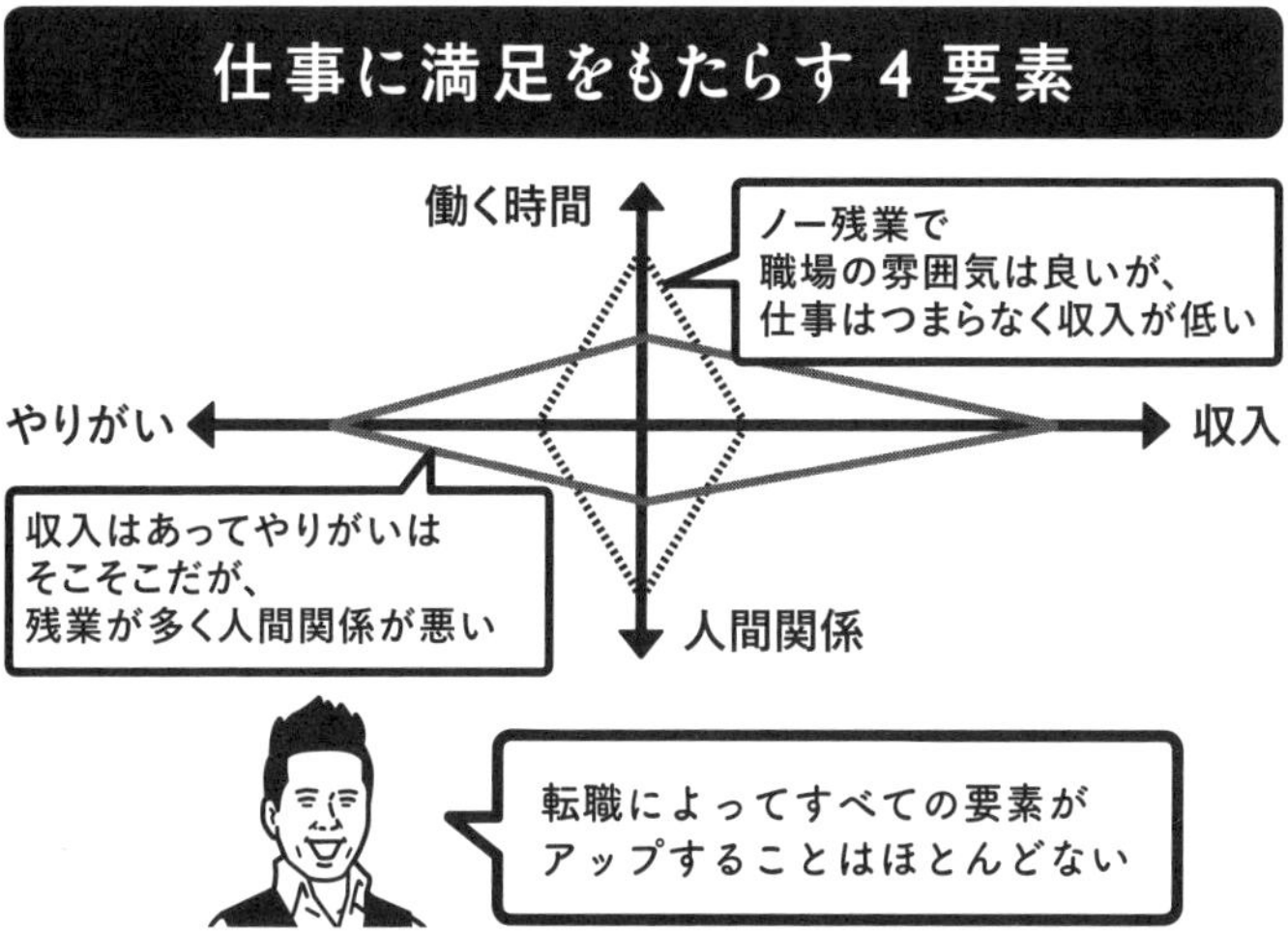

1個ぐらい50点の項目があっても、ほかの項目が80点なら、辞めたいと思う人は少ないですし、転職をすると、かえって満足度が下がってしまう場合もあります。職場の同僚に恵まれれば、激務薄給でも幸せという人もいるでしょう。それもアリです。

さて、「この不満だけは解消したい」という思いがあるなら、業種・職種を変えずにほかの項目を現在のレベルより少し落として転職先を探すのは、それほど難しくありません。

わかりやすいのは、労働時間が短くなるかわりに、収入は下がるというものですね。

ただ、ここで注意してほしいのは、「4項目の合計点を上げる転職は難しい」ということ。収入90点、時間30点、やりがい40点、人間関係60点で合計点220点の人が、4項目全部が80点の会社に転職するのは相当ハードルが高いんですね。逆に、収入20点、時間50点、やりがい90点、人間関係60点で合計点が同じ220点の転職先であれば、十分に見つかる可能性があります。

▼総合持ち点を増やそう

ここで考えてみたいのが、いろんな会社から「うちに来てよ」といわれるような「強いキャリア」です。強いキャリアの人ほど総合持ち点が多いです。総合持ち点が多ければ、選択肢が多く、自分がハッピーと思える環境の会社に移りやすい。キャリアが弱いと持ち点自体が少ないため、激務、薄給、やりがいもない、という仕事しか選択肢がなくなってきます。だから、その持ち点を増やすという観点で一生懸命自分の能力を磨いておけば、将来的にも、職場に恵まれハッピーに生きていける可能性が高くなります。

4つの項目のうち、自分が何を大事にしたいかというのは若いうちは感性で決まってきます。感性ですから、そうは変わらないものです。

お金、時間、やりがい、素敵な同僚。あなたにとって本当に大切なものは何ですか？

収入と幸福度の関係は？

スマイルカーブの図で考えよう

私はこれまでたくさんの人の働き方と人生観に触れてきましたが、そこで気づいたのは、徹底的に仕事をしないか、やりまくるかの2択が1番幸せになりやすいということです。

収入と幸福度を関連づけて考えてみるとわかりやすいかもしれません。48ページの図にあるようなスマイルカーブのどちらの端を目指しても良いのですが、とにかく自分がどちらに向けて、今後進んでいきたいのかをはっきりさせなくてはいけません。

▼あなたはスマイルカーブのどの位置にいる？

半端になってしまえば、激務、薄給、不自由の三重苦に見舞われます。これは、スマイルカーブの底辺にあたる、Dの人です。

収入と幸福度のスマイルカーブ

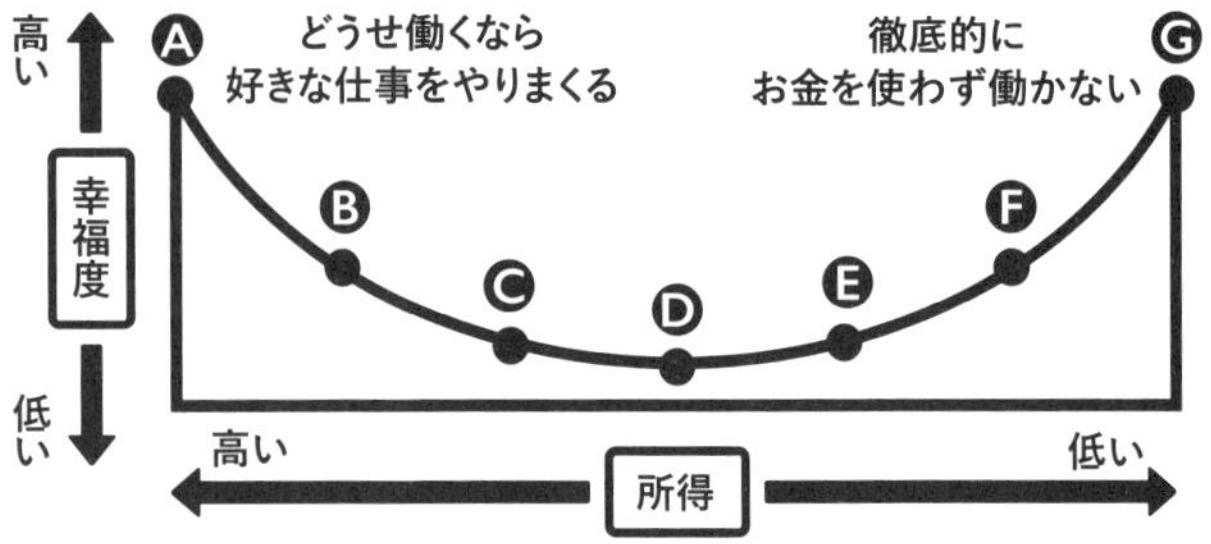

A 好きを仕事に起業して成功した実業家
B 好きを仕事にできたサラリーマンや自営業
C 好きな仕事はできないが高収入のサラリーマン
D 好きじゃない仕事を嫌々やって低所得のサラリーマン
E 派遣社員/フリーターなど
F ヒッピー/フリーター、趣味に生きる自由人
G 出家/自給自足の生活

出所:『転職の赤本』(鈴木康弘著・エンターブレイン刊)

一方の端であるAは本当に好きでたまらないことを仕事にして成功した実業家ですね。お金もあるし、バリバリ働く一方で、自由にできる時間もある。

Bは好きなことを仕事にできたサラリーマンや、自営業・個人事業主といった人たち。この人たちは、億万長者じゃないけど、金銭的に不自由もせず、楽しく生きています。

Cぐらいだと、好きな仕事ができていないが高い収入のサラリーマン。「会社行くのやだなあ」って言いながらも頑張るお父さんですね。堅い銀行やメーカー勤務、損害保険など、仕事自体がすごく面白いわけではないけれど、お金はそこそこもらえる。もともと日本に一番多かったのが、ここの人たちです。

このCの人たちの所得が低下し、Dに落ち込んでしまっている人が激増しているのが日本の現状です。1997年の民間平均給与は約467万円でした。2014年は約415万円まで落ちています（国税庁・民間給与実態統計）。

好きじゃない仕事を嫌々やっている。じゃあ、その分、お金をもらえるかというと、そんなこともない。激務で残業も多いが、残業代も出ない。幸せな家庭を持てる見込みも薄い。生きていくこと自体が嫌になってしまっても無理はありません。

このDから脱出したいなら、いっそ、出家してしまうという手もあります。自分の欲を満たしたくなるからお金が必要になるのであって、お金を使わなければ、働く必要もなくなります。一切稼がず、托鉢でどうにかする。心は最高に自由になれそうです。「さすがにそれは無理でしょ」ということならば、まずはCかEに移動しなければいけません。

Eは普通の派遣社員、フリーターなど。時給で雇われる雇用形態ですから、サービス残業もありません。激務の正社員よりは派遣のほうが変な責任も負わないですむと、積極的にEになろうとしている人もいます。フリーターの中にも、結構楽しそうに生きている人がいます。アルバイトを転々としながら、どーんと休みをつくって長期の旅行をする人もいます。興味のある仕事がたくさんあって、3つくらいを掛け持ちしていたりする人もいます。お金はあまりないが、時間と心の自由はある。つまり、そんなに不幸じゃないんですよね。

▼人生の選択肢はたくさんある

収入と幸福度の両方を追求したいということであれば、転職を繰り返してキャリアを積んで、DからCへ、CからBへとステップを踏んでいく必要があります。

このカーブの右側に行くことは、嫌だなと思う人は多いでしょう。「正社員以外は不安定だから怖い」と考えてしまうんですね。でも、正直、悪い選択ではないと思います。

日本の正社員は人口の約4分の1です（総務省・経済センサス）。正社員以外の人が、多数なんです。だから、D、E、F、Gの生き方の人は実はたくさんいます。Cの高収入の会社員は、主に1000人以上の大企業に勤めてる人。大企業で働けなかったら人生終わりだ、みたいに思ってしまうのは、そういう教育を受けて思い込まされているからです。

だから、**あまり固定観念に縛られることなく、自分がどう生きたら幸せなのかをじっくり考えてみましょう。**

給料より好きな仕事を優先すべき？

30歳過ぎて後悔しますよ

将来の展望を考えずに現在の幸せだけを追って浅はかな転職をしてしまう人がいます。先にいっておくと、必ず後悔します。

東京のテレビ局で働くAさん（男性）のケースを考えてみましょう。早稲田大学卒業の29歳。現在の年収は８００万円です。残業代ももらえます。しかし、会社の異動命令で地方勤務となり、それが嫌で転職活動を始めました。どうせ転職するなら、次の職場は「やりがい」を最重視してエンターテインメント関係の仕事を考えるAさん。社員が60人のベンチャー企業の内定を獲得しました。提示年収は４５０万円と半額近くにまでダウンしますが「自分が心からやりたいと思える仕事なら続けられる」と決心しました。しかし、両親は大反対です。

なぜでしょう。Ａさんはまだ結婚していませんが、近い将来に結婚はしたいし、子どもも欲しいと漠然と思っています。４人家族を養うにはいくらかかるかも考えずに転職をしようとしています。両親が反対するのは当たり前です。

▼結婚すると優先順位が激変する

一般的に、結婚するまでは「仕事に求めるのはやりがい！」とたいていの人は言います。でも、そんな人であっても、ほとんどの場合、**結婚をきっかけにライフスタイルや価値観が激変します。特に、子どもが生まれたら、人生の主役が自分ではなく子どもになります。**

Ａさんが幸せに結婚し、2人の子どもが生まれ、34歳となる5年後をシミュレーションしてみましょう。ベンチャー企業勤務の場合の収入は、29歳の入社時から１００万円増の５５０万円です。

子どもと接する時間と教育費、一家４人が住む家の家賃を確保するために、より短い仕事時間で、より多くのお金を稼ぐという父親としての役割を果たす義務が強制的に生じてきます。

Ａさんは家族４人を都内で余裕を持って養うために、年収７００万円が必要になりました。もはや、自分のやりがいばかりを追い求めるわけにはいきません。

そのときには、やりがいよりも、収入と時間の条件の良い仕事に移りたいと考えますが、34歳での転職活動は本当に厳しい。

一度年収が450万円まで落ちてしまうと、次の転職で800万円ももらえる会社を見つけるのは、はっきりいって無理です。あまりにも隔たりがありますからね。45ページで紹介した、総合点が一気に減ってしまう。

結局、34歳のAさんは、テレビ局の下請けの会社に年収600万円で再度転職をすることにしました。仕事内容にはあまりやる気を感じません。やりがいも、時間も、収入もすべて中途半端です。

家賃が安い地方のベッドタウンに引っ越し、毎日満員の電車に1時間半もすし詰めで通勤。子育て中の奥さんも、保育園に子どもを預けて必死にパートのアルバイトをして何とか生活できています。

「テレビ局に残っていれば、今頃年収1000万円か。都内にマイホームを買って悠々自適に暮らしてただろうな。5年前に辞めなければ良かった」と後悔してしまいます。

年収を減らす転職は20代のうちにしよう

成功する転職例

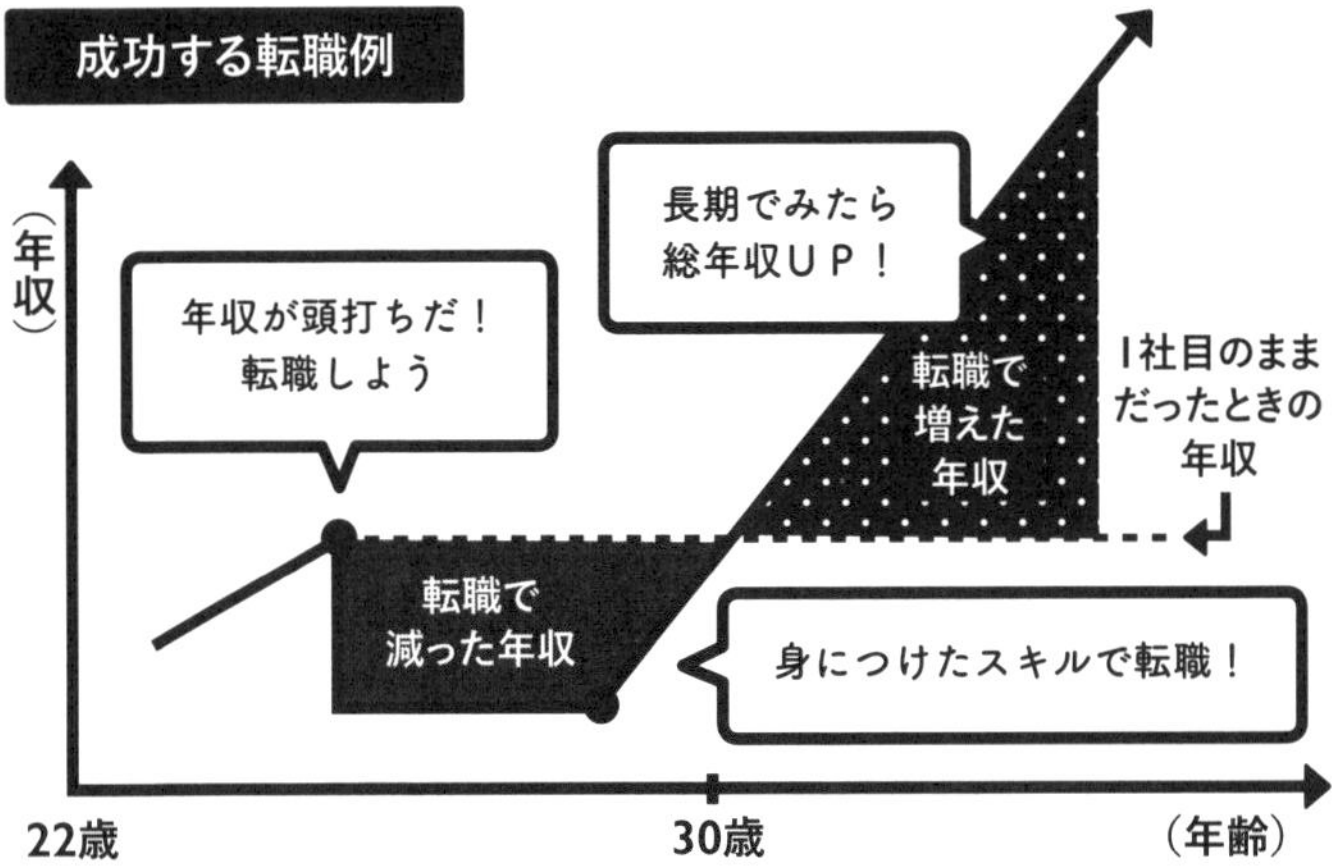

失敗する転職例

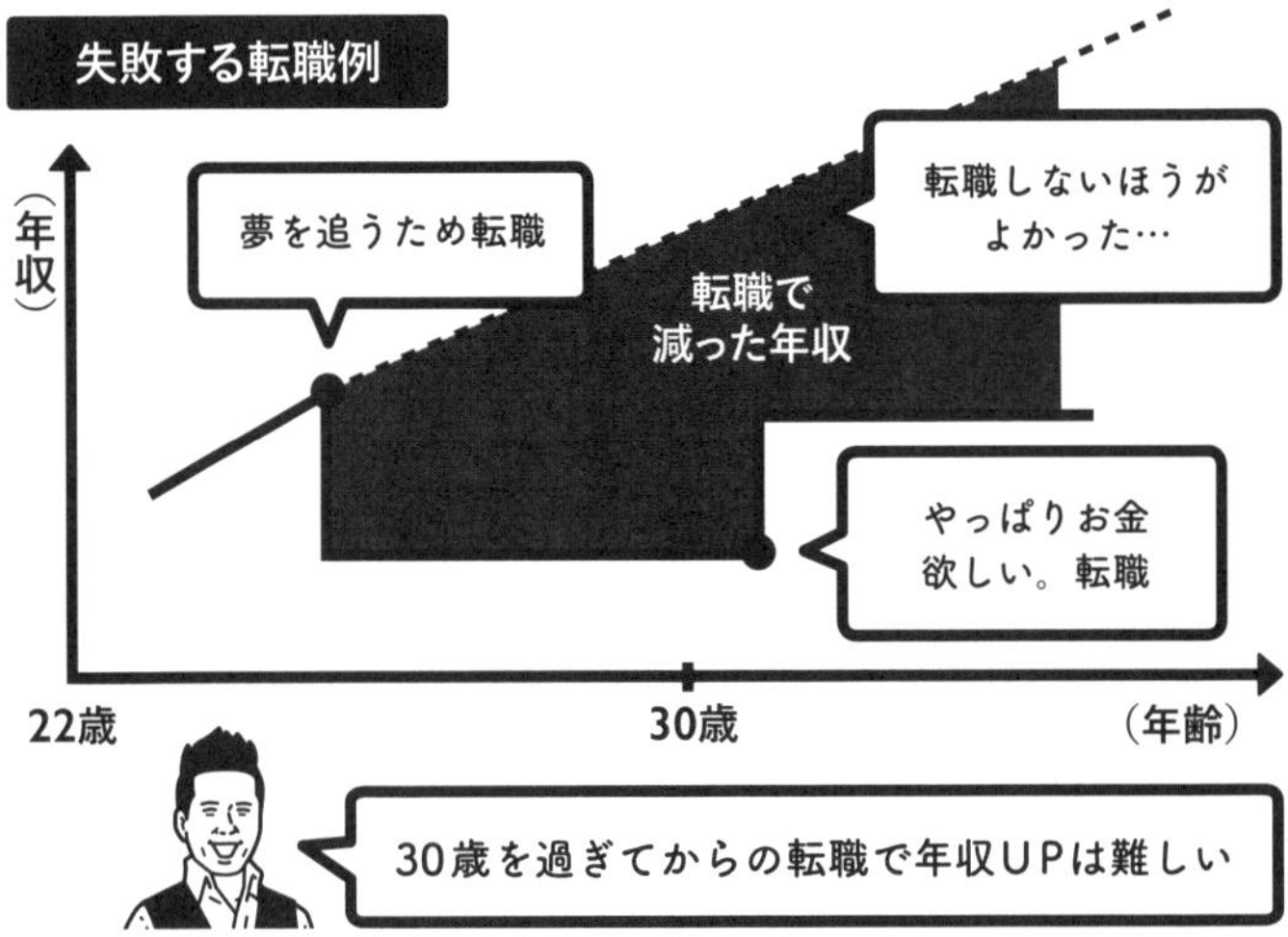

▼収入を減らす転職は20代のうちにしよう

これは、転職の業界では本当に「よくある話」です。

29歳から34歳までのたった5年の「やりがい」のために、34歳から75歳まで40年間以上を金銭的に苦しむ人生にすることは割に合うことでしょうか？

ですから、将来家庭を持つことを重視するなら、転勤を我慢して転職をしないのが正解です。「自分の人生にはお金も時間も要らない！」「やりがい最重視！」「家庭を持てなくとも、エンターテインメント系の仕事がしたい！」くらいに、よほどの覚悟ができているのであれば、年収４５０万円でベンチャーに転職するのもアリです。

Aさんが、24〜25歳の時点でベンチャーに飛び込むのであれば、それほど問題はありませんでした。思う存分、お金よりもやりがいを追及してOKです！

なぜなら、5年後の29歳に、高収入の企業に再び転職できる可能性は高いからです。しかし、29歳で収入が激減する転職はオススメできません。

やりたいことをやっている20代の貧乏暮らしは美談になりますが、30代の子持ち男の家族を巻き込んだ貧乏は全くシャレになりませんよ。

転職で成功した人は何が違うの？

負け癖や逃げ癖がないことです

目の前の仕事を一生懸命やる人が成功するという話はしましたが、**成功するための要因はほかにもあります。「負けたときに逃げ出さなかった人」です。**

就活がうまくいき、希望の会社に入れた。だけど、いざ働いてみると、会社説明会で聞いた話や、自分が想像していたのとは全く違う実情が見えてきた。仕事はきついし、給料も少ない。こんなところではやってられないと思って、すぐさま辞表を提出。こういうパターンは、結構あります。

統計上、大卒の新入社員の実に12％、毎年5万人が入社後1年以内に退職します（厚生労働省・新規学卒就職者の在職期間別離職率の推移）。でも、絶対にオススメしません。なぜかというと、**1社目で逃げてしまった人は、負け癖、逃げ癖がついてしまうからです。**

▼仕事がきつくても〝勝ち逃げ〟しよう

シビアなことをいうようですが、しんどい会社に入ってしまった場合も、会社に文句をいうだけで辞めてしまうと、転職市場では全く評価してもらえません。ではどうすれば良いかというと、向かない仕事でも自分で決めた目標を達成し、一定の成果を収めるまで頑張ることです。

ブラック企業だろうが、話を全然聞いてくれない上司だろうが、たとえ1年や1年半という短い期間であっても、何とかして結果を出す。そして「お、お前やるじゃん」という評価をもらってから、辞めるんです。ひどい環境であっても、一度、そうして巻き返した経験ができた人は、その後も逃げ癖と無縁で、戦って勝ち続けることができます。

これは、心理的な問題であって、別に「全社1位」のようなすごい結果が必要なわけではありません。「とにかく○○だけは達成しよう」と自分で決めたことをやりましょう。なんなら、「成績ビリからの脱出」でも良いし、「1カ月間だけ同期10人の中で1位を取る」でも良い。そういう瞬発的な努力でも問題ないんです。**何かしらの成功体験があって辞めるとやっぱり違います。逃げても構いません。「勝ち逃げ」してください。**

▼〝逃げた〟場合はその現実を受け止めよう

一番ダメなパターンは、完全にお手上げ状態で、〝逃げ〟で辞めたにもかかわらず、自分が負けたと思ってない、という人です。「俺は本来優秀なはずなんだ。あの会社の環境が悪くて、能力を発揮できなかっただけだ」といって転職活動をするわけですが、ほとんどの会社で評価してもらえません。だって、「本当は能力がある」という本人の主張を裏付ける証拠がないし、次の職場でも成果を出せなかったときに、再度会社のせいにして逃げ出すことが目に見えています。

こんな人を雇う会社は、誰でも雇って使い倒す、よっぽどの不人気企業しかありません。もし、「瞬間的な成果を出すのもつらい」「今の会社にもう一瞬たりともいたくない」「気が狂いそうだ！」という場合には、逃げることは止めません。でもそのときには、**「自分は負けて逃げる」ということを自覚し、「自分の能力が足りていなかった」と謙虚に受け止めてください。それができた人は、失敗から這い上がるための努力を始めることができます。**

その姿勢が次の職場でも歓迎され、その努力がいずれ実を結ぶことでしょう。

最低でも3年間働くべきですか？

3年続けて働くのは大切です

企業の目線で考えれば「入社したら3年は働かないといけない」というのは、本当です。「石の上にも3年」という言葉がありますが、企業の採用担当にとっては、もう1つの意味があります。採用や教育にコストがかかるため、3年未満で辞められると赤字になるということです。

1年目は教育研修の期間ですから赤字。2年目にぎりぎりでトントンになるかならないか。3年目でようやく利益が出るかなというのが一般的。製造業や金融専門職だとサービス業以上に研修が多く、黒字化まで5年ぐらい必要になります。

つまり、企業からすると、3年未満で辞めてしまう人は、「赤字の前科がある」人なんですね。

▼採用担当者の目線で考える

新卒採用1年目で会社を辞めてしまうと、転職しようにも、相当自由度は狭まります。だから1社目は、どういう環境であっても、どうにか辞めずに耐えてください。一度は「この会社で頑張ろう」と自分で決めて入社したはず。自分で決めたことを1年すら継続できない人は社会的に信用されません。

会社とは、仕事を選べる場所ではありません。新卒に限らず、採用後すぐに本人の希望どおりの仕事を割り当てられることはまれです。ですから、採用する側が、「うちでも仕事が気に入らなくて、1年で辞めてしまうのでは」と考えるのは無理もありません。

たとえ、瞬間的に何らかの成果を残せた（57ページ参照）としても、マイナスイメージが上回ってしまいます。

「赤字の前科」があると、「この人、能力はあるようだけど、今回も3年以内で辞めちゃったら、結局赤字だよね」ということを採用担当者は考える。本人の志向と、会社の方向性にずれが少しでもあれば、辞めてしまうかも。だから前の会社を3年未満で辞めて面接を受けに来た人に対しては、今度こそうちでは3年以上勤めるのかということを、何度も何

2社目では挽回しよう！

度も確認します。

▼せめて2社目では3年働こう

そうはいっても、どうしても耐え切れず、1年で辞めてしまうこともあるでしょうが、それなら、**2社目では今度こそ3年以上働くべきです。**

2社を連続して1年で辞めているという人は、面接にたどりつく前に、書類選考の段階で落とされてしまいます。本当に通りません。有名大卒の人であっても、大卒の学歴を失うぐらいに思ったほうが良いです。

転職には、「ワンミスはOK」「ツーミスはNG」という法則があります。

1社目で6年勤めて、2社目を3カ月で辞めて、3社目は3年続いているというような人もいますが、これはほとんどの場合OKです。最初に6年勤めていることから、嫌いな仕事でも頑張ることはできる人ということがわかる。3社目も3年続いている。「基本的に粘り強いけど、2社目はどうしても合わなかったんだな」というふうに思ってもらえます。

ただ、この人の場合も、短期間で辞めているのが1回なら許容範囲ですが、2回、3回と続くと、雲行きは急激に怪しくなります。転職したときの新しい職場に馴染みにくい人と思われてしまいます。

だから、最初の会社に3年勤めたあと、初めての転職に失敗し、2社目を短期間で辞める転職を希望する人は、辞めても良いですが、再度短期間で辞めるというミスは許されない状況になるので、それだけ転職先を慎重に選ばなければいけないし、覚悟も必要になってきます。3社目の転職先ですぐにやりたい仕事ができない場合でも、過去の自分の意思決定に対して責任を取るという意味からも、ぐっとこらえるのが賢明です。

「もうどうしても無理！ 我慢できない！」というときにも、自分の履歴書が採用する側からどう見られるのか？ を意識してリスクやデメリットを十分に理解して、「今すぐ退職して良いのか？」を熟考する必要があります。

1年で辞めたけど挽回できる？

厳しいけど挽回は無理ではない！

厳しいです！　でも絶対に無理というわけでもありません。比較的短期間の転職準備の行動でも、転職成功の可能性は高めることはできます。

まず重要なのは、「合わなかったし、耐えられませんでした。だから転職をします」と"負け"を認めることです。そのうえで、その理由を面接で説明しましょう。採用する側としては「うちに来たら、ちゃんと働けますか？」という質問をしてきます。「御社の場合は、私が1社目でくじける原因になったストレスはありませんから必ず長期間頑張れます」。そう答えれば、採用担当者も、もう少し話を聞こうと考えてくれるかもしれません。

次に、**担当する仕事で瞬間最大風速的に成果を上げておくことが重要です。**「在籍していたのは1年間という短い期間でしたが、その中で、自分で○○という目標を立て、それを達成することはできました。ただ、頑張り続けても将来長期的に勤務を継続したい職場とはどうしても思えませんでした。御社では新社会人になったつもりで再スタートさせていただきたいです」

このぐらいは言っておきたいところですね。

▼今の仕事で成果が出せそうにないときの対処法

業績は中の下だし、あまりにも向かない仕事で好業績は瞬間風速ですら出せそうにない、という場合はどうでしょう。そんなときは、仕事上での数字が上げられないにしても、それに準拠するような努力をして、**転職で使えるような武器を用意するのも1つの手段です。**

たとえば、新卒で大手証券会社に就職した23歳のAさん。国立大学を卒業したまじめな草食系で、周囲の人に気遣いのできる優しい人柄です。こういう人に、証券会社の営業マンの仕事は向きません。こつこつ頑張ってはいるが、同期が200人いる中で、入社以来130位から160位ぐらいの位置から動けません。自分でも「この仕事は向いてないんだな」と気づきます。1年頑張ってみましたが、もう相当辞めたい状態です。

Aさんのような、まじめで、振られた仕事をきちんとこなす能力がある人は、本来は営業よりも管理部門でのデスクワークなどが向いています。Aさんが自分の性格適性を調べてみると、やはり経理向きという答えが出ました。そんなわけで経理の仕事に転職しようと思うAさんですが、まだ就職して2年目に入ったばかり。このまま辞めては、転職活動が難航するのは明らかです。

そこで、Aさんは1年間かけて簿記2級の資格を取ることにしました。資格の勉強をしながらも、営業成績はこれ以上落とさないように頑張ります。努力のかいあって、資格取得しました。24歳で社会人3年目の春のことです。そして、転職活動を開始します。

Aさんは面接で2年間の社会人生活をこう説明すれば良いです。

「証券会社の営業は向いておらず、どれだけ頑張っても成果は出ませんでした。正直、2年間は毎日辞めたい日々でした。1年目の終わりには、経理職を志しましたが、社内での異動の可能性もないし全く経験がなかったので、2年目からは平日は営業マンを続けながら、週末に勉強をして簿記の資格を取りました。御社でも継続して経理のスキルを身につけ、経理マンとして一から出直したいです」

こうアピールすれば、その努力はちゃんと受け止めてもらえます。

採用担当者はAさんの話を聞いて「成績自体はぱっとしないけれども、あの厳しい会社で向かない営業の仕事を2年間耐えて、直近1年は週末に専門学校に通って資格まで取ったのか。であれば、本気で経理職になりたいのだろうし、経理で採用したら続けてくれるだろう」と考えてくれます。「きつくてもすぐには逃げずに最善を尽くす努力のできる人」として見てもらえます。

もし、簿記の資格もないまま辞めていれば「これから経理をやりたいっていってるけど、経理職につながる具体的な行動を何もしていないし、結局のところは営業職から逃げ出したいだけの人なんだな」というレッテルを貼られて終わりですから、雲泥の差があります。簿記2級は勉強さえすれば、取得はそれほど難しくありません。商業高校の生徒も持っている資格ですが、それでも「努力した証明、次は辞めない根拠」としては武器になります。最初の会社で3年間耐えられなかった場合、「逃げているだけの人」と採用する側に思われたらおしまいです。「前の会社で何も努力もせずに逃げ出しているのに、うちに来たら頑張れるといわれても、信用できないよ」と思われてしまいます。

資格を取るなり、業務を改善するなり、数字に表れにくいものであっても、自分は何かを努力したと証明できる武器を、現職に在職する間に、どうにかして用意しましょう。

第2新卒って正直どうですか？

3年目以降は転職市場で人気です

第2新卒という言葉は定義があいまいで、企業の人事担当者によって細かな違いはありますが、一般的には、「25歳以下」もしくは「社会人3年目以内」のことを指します。つまり新卒で就職して、2年半ぐらい働いて、転職しようかなと思って動き始める。そんな人たちのことですね。

そして、この第2新卒は引く手あまたの存在です。**一番大きな要因は、社会人として基礎はできているとみなされることです。**

3年も会社で働いていれば、「報・連・相ができる」「嫌いな仕事にもきちんと取り組む」「営業目標を達成するために頑張れる」といった最低限のことは、ちゃんと身につけているでしょう。そんな根本的な教育が必要なければ、それだけ企業のコストは減ります。

▼会社の色に染まり過ぎるのも問題

しかし、3年でそれだけ人気の人材になることができるなら、さらに経験を積んだ人、たとえば新卒採用された会社で7～8年働いた人はもっと人気が出るのでは？　そう考える人がいるかもしれません。

でも、実際はそんなことありません。**転職市場での一番人気は社会人を3～5年経験した25～28歳です。**なぜでしょうか。

ビジネスパーソンを「布」に例えていえば、「染まってしまう」からです。同じ会社で働くうちに、誰しもがその企業の文化や仕事のやり方に染まっていきます。染まり過ぎた人は、新しい職場に馴染みにくくなってしまう。第2新卒は、まだ染まりきっていなくて、次の会社のカラーに「染め直す」余地があります。

社会人として最初の会社、もっといえば、最初の2～3年は非常に重要です。なぜならその時期に、最初の〝色〟が乗るからです。社会人としての善悪の判断基準や、仕事を進める手順などはわかりやすい〝色〟ですね。これは業種や会社によって全然違います。

たとえばメーカーや銀行であれば、1人で勝手に業務をがんがん進めようものなら、「ど

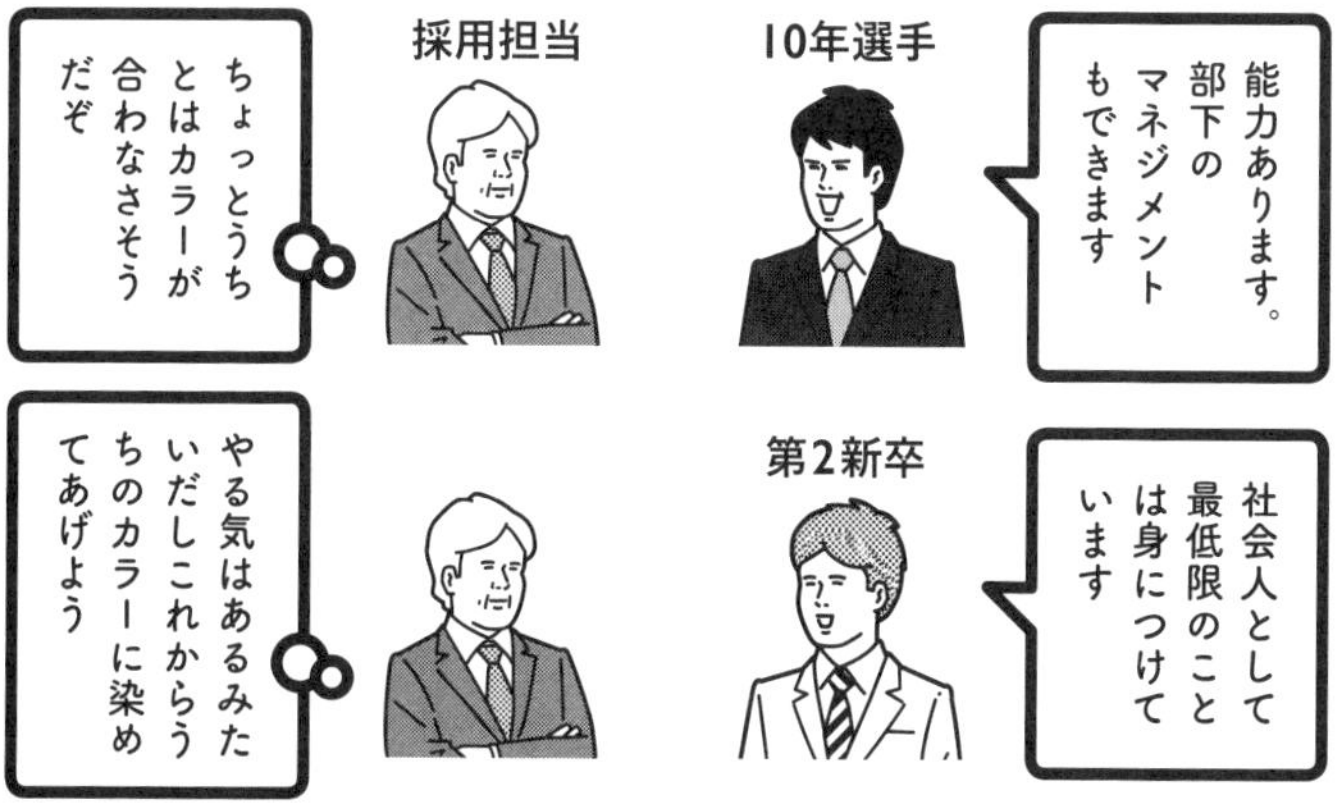

「能力」よりも「染めやすさ」で選ばれやすい第2新卒

うして報告をしないんだ！」と上司から叱られるでしょう。

一方で、私がいたリクルートや広告業、不動産業などの営業主体の会社は、細かい報告ばかりを上司にしていると、「お前は誰のほうを向いて仕事をしているんだ？　報告する暇があったら顧客に会って、仕事してこい！」と怒られます。

第2新卒として最高の扱いを受けられるのは、3年働いて転職する人ですが、それが少し短くなって2年ぐらいであっても、まあまあ、許容範囲です。ただ、企業は3年未満で辞めた人に対してはやや厳しい目を向けますので（63ページ参照）、覚悟しておきましょう。

社風の違う企業で働くべき?

その方が30代以降活躍しやすいです

68ページで、ビジネスパーソンを「布」に例えたお話をしました。では、最初の会社で3年間働き、転職をしてまた3年間働いたとしましょう。28歳になったとき、バランス良く染まった使い勝手の良い布に必ず染め上がるのでしょうか?

結論から言うと、そうではありません。1社目と2社目で似たようなカルチャーで育った人は結局単一のカラーに染まり、それ以外の色合いの風土の会社に30代以降で馴染むことは難しくなります。言い換えると、活躍の場が限定されてきます。

▼2つの色があれば活躍の幅が広がる

私は、20代だけでなく、30代や40代の会社役員や、事業部長などのハイパービジネスパーソンの方々にお会いしたり、キャリアのご相談に向き合うことも少なくないのですが、彼らのキャリアをよく見ると、20代のうちに、全く社風の違う企業2社を経験し、「マルチカルチャー」で育った人に、より様々な企業にスムーズに馴染んで活躍している人が多かったり、多種多様な企業からの招聘のオファーがきている傾向が見受けられます。

布で例えると、半分を黄色に染め、もう半分を、赤や青に染めておくのです。そうすれば、その後の人生で、2色を混ぜあわせ、オレンジ色や、緑色の会社にも適応できます。

ベンチャーを選ぶ際にも、直属の上司や、経営陣の出身企業を見てみてください。おおよそその企業の「カルチャー」はわかります。若いうちは、スポンジのような吸収力がありますから、良くも悪くも、その色に「染まる」ことができます。

カルチャーの違う会社への転職は、馴染むのにとてもストレスがかかりますし、内定も取りにくいです。しかし、「違うカルチャーに馴染む」経験を一度しておけば、それ以降の人生でも、自分と違うアイデンティティを持つ人ともスムーズに協働して仕事を進めたり、自分自身の持つアイデンティティが2社にまたがるものであれば、そのどちらかのカルチャーに近しい企業であればどこでも馴染みやすくなることができます。

40年間のキャリアを考えるうえで、ぜひご一考ください。

第2章

転職サイトが教えてくれない転職活動の進め方

就活のときと何が違うんですか？

収益性と定着性が問われます

就職活動と転職活動の違いは超簡単です。新卒はその人の社会人としての「ポテンシャル」を考えて採用されますが、転職活動では過去の職場において達成した「収益の実績」と今後の「定着性」がキーになります。

学生は利益を上げるために活動しているわけではありません。面接のときには「僕はこんなことを頑張ってきました」、「こんな素敵な人格です」とアピールして、それを聞いて、可能性を推し量って採用するのが新卒の就職活動です。

▼35歳で行う転職活動との違い

一方で、転職活動は、35歳くらいの人であればすごくわかりやすいのですが、実際に会社の利益にどう貢献したのかを聞かれます。「今までの仕事で何を担当していましたか？どれくらいの期間でいくらの利益を出せましたか？」「今後当社に入社したら、何を担当してどれくらいの期間でいくらの利益を出せますか？」と質問されるわけです。若手の方がイメージする面接というよりは、商談に近いです。

そして20代の転職はその中間です。**「どんな人間であるか」ということと、「どんな成果が出せるか」のどちらも半分ずつ問われます。**

「どんな人間であるか」というアピールは就職活動ですでにやったことですから、たいていの人はできます。そうなると「どんな成果が出せるのか」という観点で、どれだけ説得力のあるアピールができるかで差が出てきます。それが収益性ですね。

そして、定着性というのは「現職を退職して、新たな職場に移りたいという理由」で判断されます。**ほとんどの会社の場合、再度転職をされてしまっては困るからです。**「今の会社を辞めたいです。御社が最高だからです。御社では頑張って働きます」と言われても、採用担当者としては「なぜ、今の仕事を辞めるのか？」のネガティブな面の理由が明確に見えないと、不安で採用ができません。

第２新卒は何を問われるか

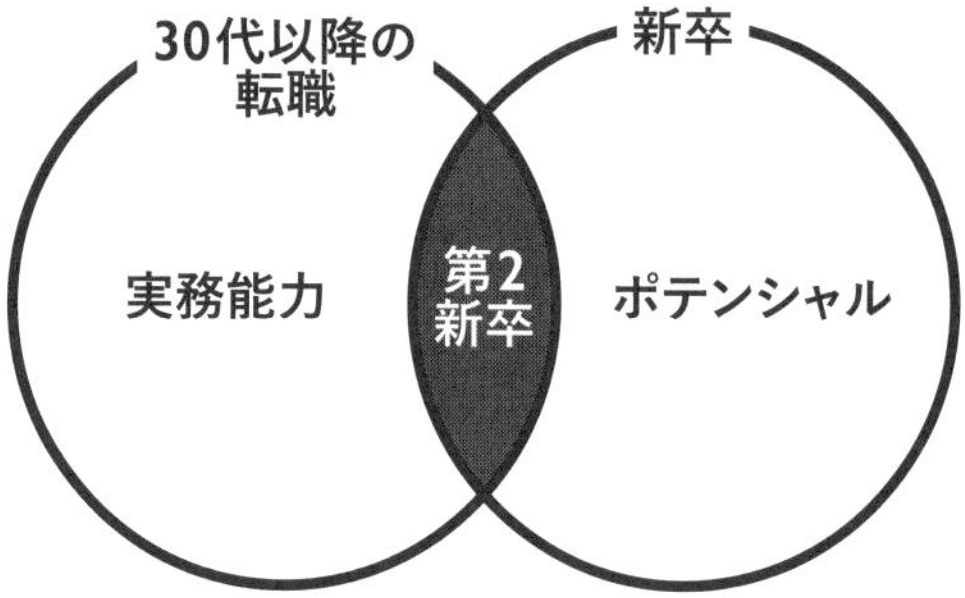

第2新卒は「ポテンシャル」と「実務能力」のどちらも問われる。その中で企業は収益性と定着性を探る

▼面接で伝えるべきこと

こういった不安を払しょくするために、次のように面接で説明すると良いでしょう。

「仕事内容に不満はありませんが、給与面に不満があります。給与を上げるために、具体的には3年間で●万円利益に貢献しました。が、会社全体の業績が悪く、成果を出した社員に給与で還元できる状態ではありません。御社は前職と仕事内容は近いですが、お給与が十分に高いので、私の不満は解消されます。骨を埋めるつもりで御社の選考にこのたび応募しております」

「現状に不満はありませんが、将来的な仕事内容の発展がないことが転職の動機です。私は不動産仲介業で、個人向け物件の仲介業で4年間働き、実績を残しました。今後は、より難易度の高い法人向け物件の仲介や、売買業務に携わりたいのですが、現職ではその部門がなく、今後つくる方針もありませんのでどう頑張ってもやりたい仕事にレベルアップすることができず、このままでは今後30年間、同じことの繰り返しです。以上の経緯でこのたび、御社の法人向け仲介部門を志望しております。最初は私自身の強みを活かした個人向け部門の配属でも、実績を残せば将来的に希望の仕事に発展して携われる可能性があれば、構いません」

まとめると、以下のメッセージが伝われば良いのです。

「現職でどう頑張っても手にはいらないものは●●です。御社にはそれがあるから志望しております」

このように言うことができれば、採用する側からも、定着性も問題なしと判断してもらえるでしょう。就職活動との違いを理解していれば、転職活動をどのように展開していくべきかがわかるはずです。次ページ以降で、さらに詳しく見ていきましょう。

企業の目線ってどんなもの？

「利益を出せる人材かどうか」です

学生はどうしても視野が狭くなりがちで、自分のことしか見えてないことがほとんどです。新卒採用の面接でも「私はこんな社会人になりたいです！　だから御社でこういう仕事をして成長したいです」といった「自己都合」のことしか言えません。社会人を経験した転職希望者が面接で同じ発言をすると不採用の通知をもらうことになります。

雇われたい側の目線ではなく、雇う側の企業の目線で考えましょう。転職するにあたって、企業側の目線で考えると、企業に対する売り込み方も変わってきます。

▼自分の経験を転職先に活かすストーリーづくり

医薬品メーカーに就職希望で、ＭＲ（医薬情報担当者）志望のＡさんは、面接で次のように言いました。

「私、実は親が医者なんです。子どもの頃から医者としての父を見ていましたので、お医者さんが何を喜び、何が嫌かを知っています。たとえば、お医者さんが新薬を試してみたくなるタイミングって、具体的にはこんなときですよね」

製薬会社の採用担当者はAさんの話を聞いて、顧客の医者の気持ち、都合がわかっているから、顧客から信頼され、より多く薬の営業実績をつくってくれそうだと考えるはずです。

自分のこれまでの経験やバックグラウンドと、会社の利益を結びつけてお話ができる人は強いです。 Aさんの場合は、親が医者というほかの応募者はあまり持っていない恵まれたバックグラウンドを持っていますから、それを活用したわけですね。

Aさんがもしも「尊敬する父と近い業種で仕事をしたいです」としか言えなかったとしたら「あなたの想いはわかったけど、うちの売上には関係ない話ですよね」で終わっていたでしょう。要は、自分のウリに気づく能力と、説明する能力の問題です。

採用担当者が「この人がいることで収益につながりそうだ」と明確にイメージを持てるような話ができれば、面接の合格率はぐっと上がります。

自己のアピールだけでは不十分

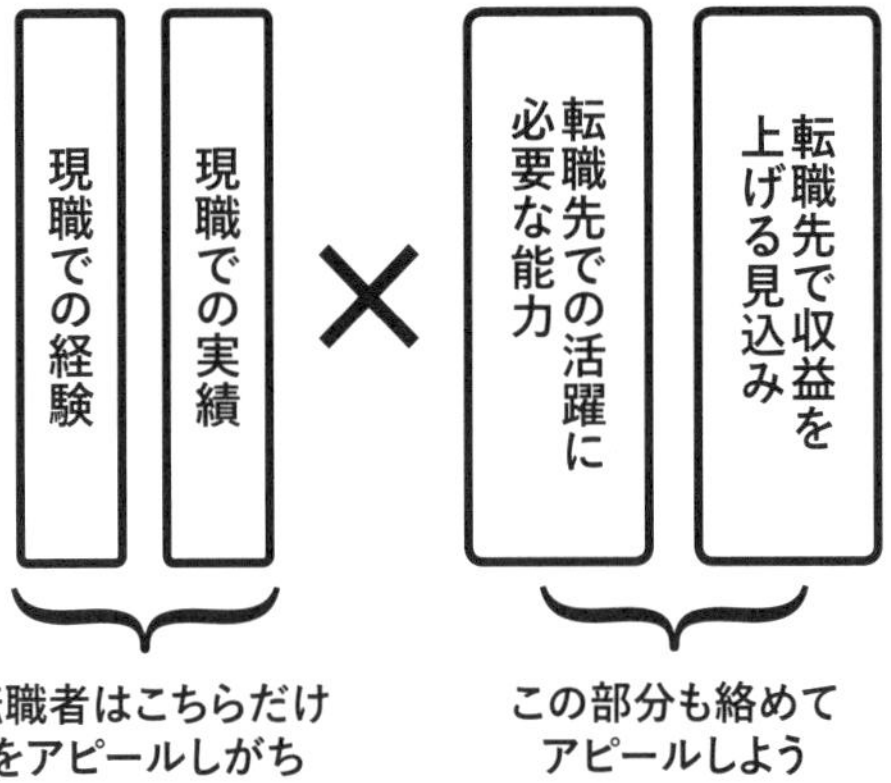

そのためには、次の会社と現職とでつながりのあるものを探し、そこをきちんとアピールするという方法があります。

▼異業種でも必ず共通点がある

家電量販店で3年間働き、売り場で家電を販売していた25歳のBさんのケース。「もっとバリバリ稼ぐかっこいい営業マンになりたい！　外回りもしたい！　だったら証券マンだ！」と、証券会社への転職を考えました。

これは、職種を「量販店での低単価で有形物の販売職」から「富裕層向けの高単価の無形物の個人営業職」へ数段飛ばしでレベルアップを狙う転職ですから、「フロアでは売上ナンバー1でした！　家電を店舗で売るなら誰にも負けません！」というアピールだけではちょっと弱い。

証券会社の採用担当者としては、商品が変わったときに、Bさんの能力は活かせないだろうと考えます。「洗濯機や冷蔵庫？　10万円やそこらでしょ。何個売ろうが、うちで1000万円の株を売るのはしんどいよね。売り方、全然違うし」といったふうにです。

ではどんな説明が良いのでしょうか？

「私の得意なお客様は富裕層だったんです。15万円以上買っていただいた方には連絡先をお聞きして、お礼のメールや手紙をお送りしていました。そのお客様からのご紹介による、新規のお客様の購入が年間30件、売上は3000万円あります。富裕層の接客とリレーションづくりだけは負けません。もっともっと富裕層相手にご提案の仕事ができる業界はないものか探したところ、この営業スタイルこそが求められる証券マンという職種で、新卒入社者や、業界未経験者に活躍者が多い御社を志望しました。微力ではありますが、現職での富裕層の常連様のお客様リストも、120件保有しております。御社に入社後は、こちらのお客様全員にまずはご挨拶回りをするところから営業活動を始めたいと思っております」

これならいけそうです。

「へえ。ただ家電を売っていただけじゃなくて、富裕層を常連のお客様としてお付き合いするために工夫していたんだな。顧客リストがあるなら、入社直後の苦しい新規開拓営業でも、心が折れて退職せずに、ある程度の実績は出せそうだ」と受け取ってもらえ、入社後活躍して利益に貢献できるイメージがわきやすいでしょう。つながりのある要素が全然ない仕事に、何の準備もないまま転職しようと思うと、前職の経験や、そこで培った能力を活かせないので、成功させるのは厳しいです。

ですが、たいていの仕事には、どこかに共通点があります。どんな仕事でも、頑張っていたなら何かしらの強みがあるはずです。それを自分で見つけ出して、効果的に売り込むのが転職活動における「センス」です。

▼競争相手は転職希望先にいる同年齢の社員

20代の転職のときの競争相手は、転職希望先に新卒で入った同年齢の社員です。採用担当者は自社の3年目の25歳社員たちと、Bさんのどっちがイケてるかを比べます。

普通に考えたら、3年間家電を売っていた人と3年間株を売っていた人を比べれば、期待値が高いのは株を売っていた経験者になりますから、それを上回る期待が持てる何かの強みを1つでも構わないので、アピールできるかどうかが勝負の分かれ目になります。

30代の人であれば、これまで自分がやってきた仕事の話を絡めて、次の会社で何をしたいのかをちゃんと話せる人がほとんどなのですが、25歳ぐらいだと、結構ばらつきがあります。ビジネスマンとしての精神年齢にも大きな差があります。

だから、採用する側の視点を持ち合わせている人は、「大人」の感覚を持っている、年齢の割に成熟したビジネスパーソンとして見てもらえます。**志望する最初の動機は、「憧れている！」とか、「楽しそうな仕事だ！　だから、頑張れます！」という学生のような青臭い動機でも、構いません。やりたい仕事を、やりましょう。かっこいい仕事、志望してOKです！**

でも、実際に採用されるためには、「やりたいです！　頑張ります！」だけでは足りません。「採用したら成果の出せる人、利益の見込める人」として採用する側に見てもらえる根拠のあるアピールが、社会人の中途採用では求められます。

「やりたいのはわかるけど、給料の分だけ、稼げるの？」

「うちの同年次の社員とくらべて、あなたが上回る能力って何？」

というシビアな目線を面接官から注がれていることを、しっかりと意識してくださいね。

転職サイトはどれを選ぶべき？

特徴を知って賢く使い分けよう

転職しようかなと思ったら、とりあえず転職サイトに登録する人は多いはず。

ただ、転職サイトを使うにあたって、まずは「転職サイト＝広告である」ということを理解しておきましょう。というのも、転職サイトは企業からお金をもらって、企業の求人記事を掲載しているからです。当然ながら、企業に関する悪い情報は控えめです。退職者続出のブラック企業であっても、すばらしい会社のように書いてあることもあります。

だいたい、記事の掲載は2週間単位で、10万円から200万円かかります。基本的には、企業がお金を出せば出すほど、いろいろなオプションがついて、求職者を集めやすくなります。それだけのお金がかかるので、転職サイトに掲載されているのは、原則、大量採用です。営業職を10人募集するというときなどに、活用されるわけですね。

▼知らなかった企業に出会える

「こういう会社があるんだな」と、最初に企業のことを知るためには、転職サイトほど便利なものもありません。広告だということをちゃんと理解したうえで、自分に合いそうな会社を見つけたら、そこに書いてあることを丸呑みにせず、口コミサイトや、財務サイトなど、転職サイト以外でもいろいろと情報を集め、面接に足を運んで確認しましょう。

このときに参考にすべき口コミサイトは、就活生が書き込むようなものでなく、現職や、かつて在籍していた人が書き込むようなサイトがオススメです。たとえば「VORKERS（ヴォーカーズ）」もその1つですね。そして、37ページで紹介したUllet（ユーレット）は、そもそも転職用のサイトではなく、投資家が財務状況を知るためのサイトなので、一般的な口コミサイトのように、情報操作のしようがありません。

転職サイトを利用している企業の中には、ユーザーに対してとにかく大量のメッセージをばらまく企業もあります。いろいろな企業から連絡が来たとしても、本当にあなたの価値が高く評価されているとは限らない。熱烈なメッセージが本物のラブコールかどうかは、面接に行ってみないとわかりません。

▼エージェントと転職サイトを上手に使い分けよう

企業が特殊な技能を持った人を、少数で、ピンポイントで採用したい場合には、転職サイトは利用せず、人材紹介会社のエージェントを使います。特殊な技能や経歴を活かせる仕事、言い換えればマニアックな求人は、エージェントが持っています。入社後にやりたい仕事がある程度明確な場合、エージェントも併用することをオススメします。

大手の転職サイトにはそれぞれ特色があります。まず最大手のリクナビNEXTは、かなり採用に本気な会社が載ってます。なぜなら高いからです。逆にマイナビ転職は、掲載料が安いので、大量の求人が掲載されています。お金のない会社でも、マイナビなら載せられるというところもありますからね。そして、3番手のエン転職（エン・ジャパン）は、あえて大手企業ではなく、素敵な中小企業を数多く載せている傾向が強いです。

それぞれの特色や、転職サイトの運営者が何を考えているかは212ページからの座談会で深く掘り下げています。転職サイトは、使い方によっては、あなたの転職活動を大いにサポートしてくれます。いずれのサイトも、求職者の方に、素敵な出会いのキッカケを提供するべく作ってありますから、上手に使って役に立ててください。

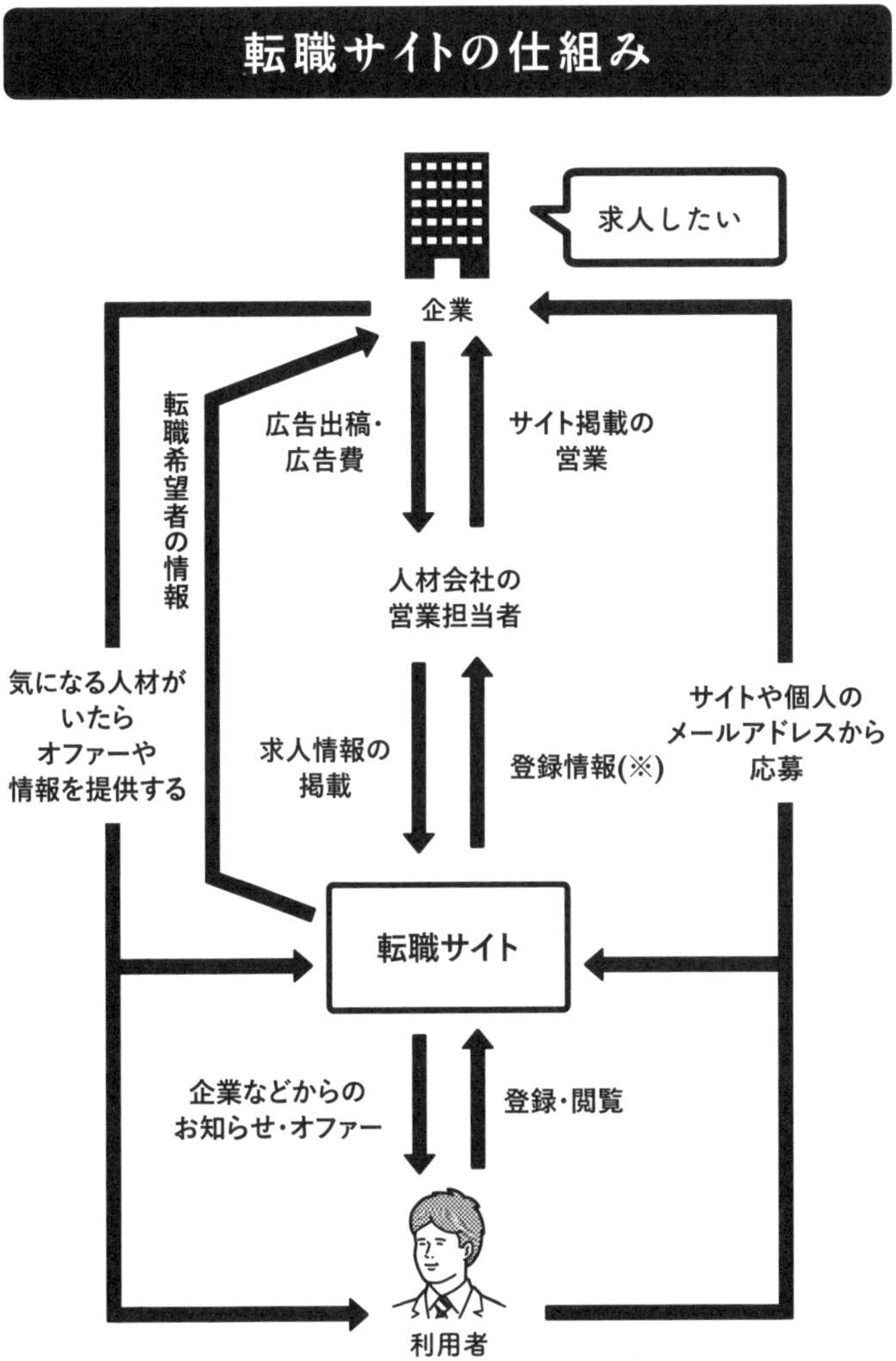

※利用者の個人情報(氏名、メールアドレス、住所、生年月日、電話番号など)の部分は閲覧できないようになっている

エージェントとの付き合い方は？

まずはエージェントの違いを知ろう

まず知っておいてほしいのは、エージェントには、デパート型（片面型）とブティック型（両面型）の2タイプがあるということです。

デパート型に分類されるのは、リクルート、インテリジェンス、パソナキャリア、エン・ジャパンなどの大手エージェント各社です。浅く、広く、多くの企業の求人情報を持っています。**「やりたいことが明確にはわからないので、いろいろな案件を見てみたい」という方にオススメです。**ここに挙げた会社は片面型で、企業から求人案件を受託する法人営業担当と、転職を考えている個人の相談を受けるエージェントに分かれています。

法人営業部隊がいろいろな企業から受注した数多くの採用情報がデータベース化されているので、エージェント自身は会社ごとの事情にはあまり詳しくないけれど、とにかく求

エージェントにはデパート型とブティック型がある

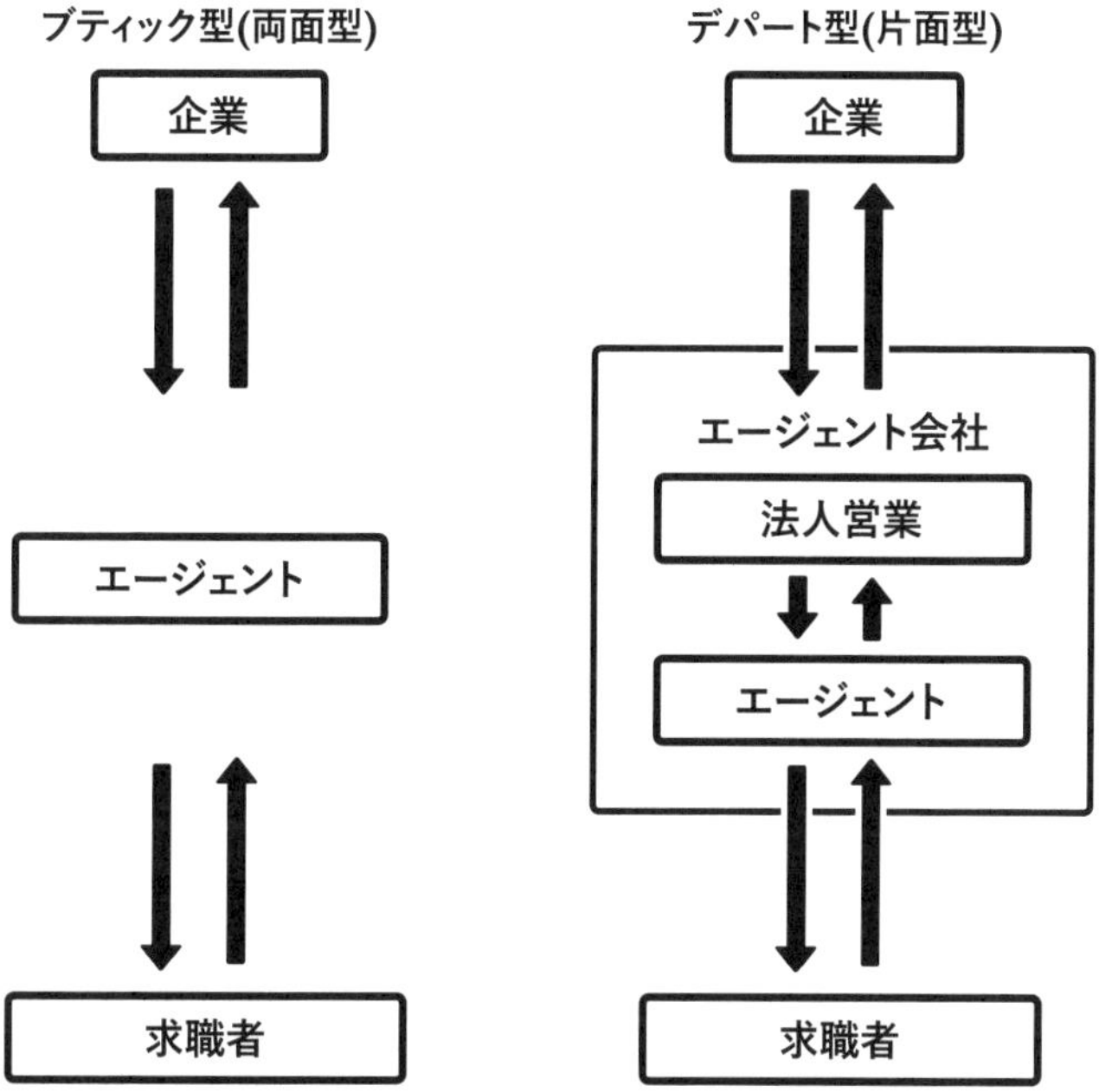

- 求人の数は少なく、業種ごとに得意・不得意のあるエージェントがいる
- エージェントの企業に関する知識は狭くて深い

- 求人の数が多く、取り扱う業種も多い
- エージェントの企業に関する知識は広く浅い

人数はたくさんある。そのため、「営業系を探しています」とエージェントに伝えると、ドバーッと求人を出してくれます。

ただ、エージェント自身が自分で採用担当者から入手した情報ではありませんから、「この会社って具体的にはどこが営業先で、どのぐらいの売上なんですかね？　直属の上司は新卒入社ですか？　それとも転職してご入社された方ですか」などと込み入った話を転職希望者に聞かれると、「法人営業担当に問い合わせてみます」となってしまいますので、自分で面接に足を運んで自分で確認するほうが早いです。

一方、両面型を採用しているブティック型は、法人営業担当が直接、求職者とも接触します。つまり、デパート型のように法人営業を介することなく、採用を考えている会社と転職を考えている人を1人の担当者が直接つないでくれます。**情報が非常に濃いのが強みで、案件の数はそれほど多くないというのが弱みですので、「やりたいことがある程度決まっている」人にはオススメです。**30代以降や高年収層の人は、やれること、やりたいことがある程度決まっていますから両面型エージェントを好んで使う人が多いです。

両面型は、求人の内容についてはデパート型よりも詳しく、やり取りのスピードも速くなります。求職者から面談中に質問を受けると、「ああ、じゃあ今企業の担当者さんに確認してみます」と言って、その場で電話ができたりする。「あ、今、ご本人が目の前にいるので、電話変わります」「じゃ、面接組みましょうか？　社長、お時間いつ空いてますか？」というようなこともあります。

ブティック型の最大手がＪＡＣリクルートメント。また、ヘイズ・ジャパンや、ロバート・ウォルターズなどの外資系エージェントも両面型です。ほとんどの中小・個人のエージェントもブティック型ですね。

▼使い分けをするための基準とは？

企業側もこの2つのタイプの使い分けをしていて、大量に若手を採用したいときにはデパート型を使います。「とにかく大量の営業経験者が必要だから探してきて！　１００人会って、10人採用したい！」みたいな感じですね。

ピンポイントで欲しい人材があるときにはブティック型。デパート型に比べて、年収の高い求人が多いし、成功報酬もちょっと高めになります。デパート型だと想定年収の30％ぐらいですが、ブティック型は35％というのが多いでしょうか。

転職してやりたいことがかなり具体的に決まっているのであれば、ブティック型を使う

ことになるでしょう。ブティック型は、医療系専門とか経理専門とか人事専門というように、特定の業種や職種に特化していることが多いからです。**「今の仕事は面白くないから、とりあえずほかの仕事をしてみたい」というときは、デパート型に行けば、適性がありそうなものを業種や職種で限定することなく、全部出してくれます。**

ただし、デパート型、ブティック型ともに、転職エージェントは、基本的に「転職屋さん」ですので、2カ月以内に転職することを明確に意思表示してない場合、登録お断りの〝冷やかし勘弁〟が本音の業界です。初回の面談は冷やかしで構いません。が、「転職しないほうが良い」という決断ができたら、しっかり担当者さんに伝えてあげてください。

私自身が経験者ですが、冷やかしの転職活動をサポートすることほど、虚しい仕事はありません。本気の人に、本気で寄り添いたいです。本当に転職したいと思ったときに使うと、担当者と利害関係が一致するものだと考えておいてください。

▼キャリア相談という選択肢もある

転職ではなくて、キャリア全般の長期的な相談がしたいというときには、「キャリア相談屋さん」に行きましょう。転職にこだわらないキャリアコンサルティングを有料でやってくれます。90分で1万5000円から3万円ぐらいが相場です。

現職でのキャリアの積み方や、同僚、上司たちの中での立ち回り方、果ては結婚の時期や長期的なライフプランまで、幅広く何でも相談に応じてくれます。ほとんどの場合、元転職エージェント出身で、優秀な実績をすでに出している人が独立して個人の看板でやっていますので、品質はかなり高いはずです。

転職の相談は無料なのに、キャリアコンサルティングだとなぜ有料なのか。それは、ビジネスモデルの違いです。**転職エージェントは企業からお金をもらって成り立つビジネスです。エージェントは求職者の事情を考えつつも、法人もお客様で、企業の採用を成功させなくてはなりませんから、100%個人の味方の立ち位置での仕事はしにくいのが現状です。**

ですから、「転職するべき？　しないべき？」というフラットなアドバイスが欲しいというときには、**有料のキャリアコンサルティングを受けて考えてみましょう。**で、転職活動をするべきという結論が出たら、転職エージェントを利用して転職活動をサポートしてもらう。というステップを踏んだほうが良いかもしれませんね。

あるいは、転職エージェントのキャリアアドバイザーをやっている友人にプライベートで話を聞いてもらって、飯でもおごるというのもアリでしょう。

エージェントはどう選ぶ？

経験豊富で「想い」のある人を探そう

２００４年に私がリクルートエージェントに就職した頃、５００人規模の会社でした。それがいまでは３０００人強の規模になりました。新規参入も相次ぎ、転職支援サービスはここ10年で急激に成長しました。そのため、**ぶっちゃけてしまえば、業界経験10年以上の社員は全体の10％程度だろうというのが実情です。**

しかも、その10％うち、６割ぐらいは管理職として働いていますから、現場でバリバリ働いている10年選手というのは、全体でいえば４％しかいないと考えられます。

５年選手は20％くらいでしょうか。様々な転職相談の場数を踏んでいて、膨大な経験を蓄積しています。アドバイスを受ける側からすれば、知識があったほうが当然良いですよね。そして、転職エージェントは高いモラルが求められます。求職者の人生よりも自分の

エージェントを使うメリット

- 自分の知らない求人を紹介してくれる
- 求人を絞り込んでくれる
- 書類選考を通してくれる
- 面接対策をしてくれる

成績、自分の給料を優先させてしまうような人に担当はされたくありませんよね？

「あなたの話を聞いた限りでは、今は転職にベストの時期ではありませんよ」。こんなことをちゃんと言える人は、腕の良い転職エージェントである確率が高いです。

会社に所属している転職エージェントは、サラリーマンですから、月間何人転職させなければならないという業績目標があります。数字に追われているエージェントは余裕がありません。微妙だなという転職先であっても、求職者に「あなたにぴったりですよ！　今すぐ決めちゃいましょう」なんて勧めることもあり得ます。

一方で、いつも営業目標を早々に達成して

エージェントを選ぶポイント

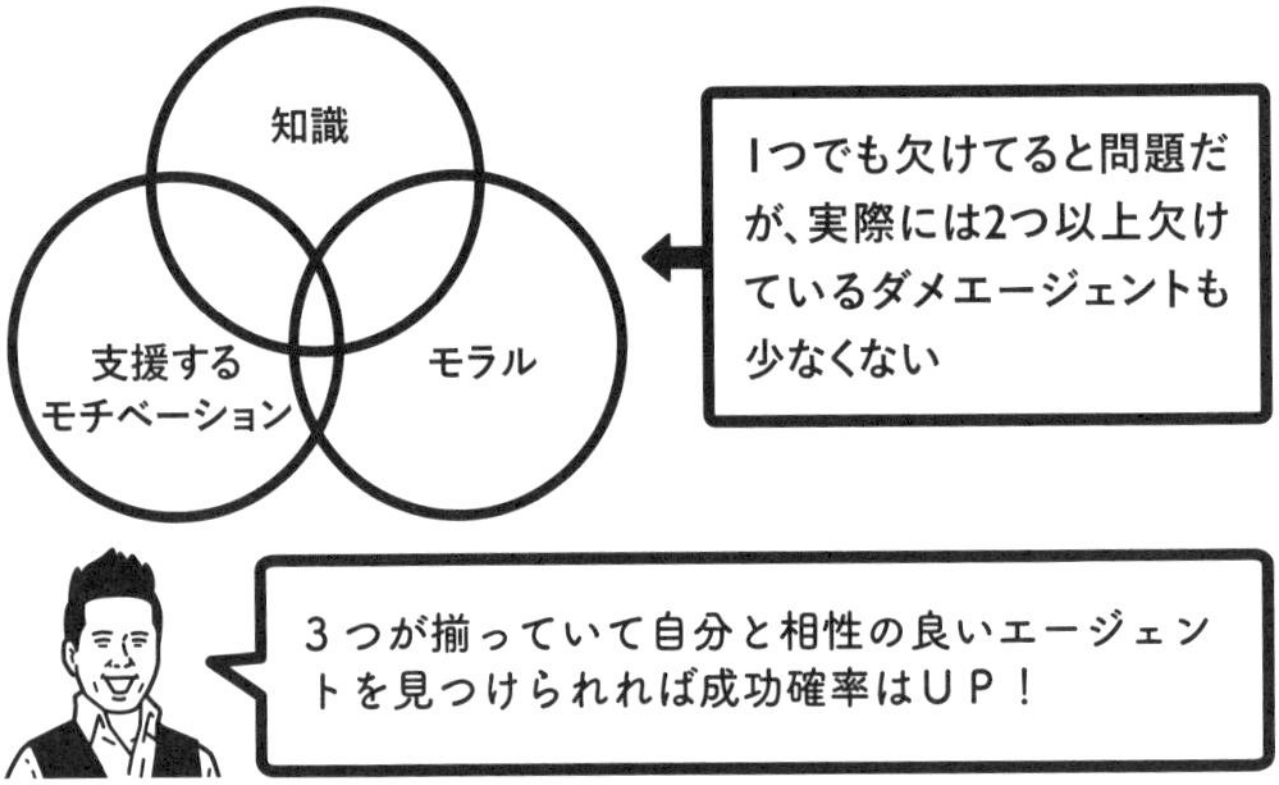

いる腕の良いエージェントは、ひたすら善意で、幸せな転職をしてほしいという想いに忠実に仕事ができます。アドバイスもできてしまうわけです。

エージェントのモチベーションの高さは、メールのレスポンスの速さで測れます。自分のことをどのぐらい優先してくれているかが、はっきり現れます。

エージェントは多数の求職者を同時に担当しています。デパート型だと１００人、ブティック型でも30人ほど担当するケースが多いです。それだけの人を同時に、しかも全員同じウェイトで相手にすることは不可能です。そのため「この10人は最優先で対応したい」「この30人はそこそこ」「あと60人は放置されてると思われない程度でいいや」というふうにセグメントして対応します。

▼腕の良いエージェントを見つける方法

腕の良いエージェントに出会うための一番良い方法は、「友人から紹介してもらう」というものです。自分の先輩や友人で、転職エージェントを使ったことがある人に聞いてみましょう。

もしくは、転職エージェントで働く友人に、社内で腕の良い先輩エージェントを紹介してもらいましょう。良さそうな人が見つかれば、メールアドレスを聞いて、問い合わせをして担当になっていただく。これが一番安全です。こちらから、腕の良いエージェントを一本釣りするぐらいのつもりで望みましょう。

特に第2新卒の場合は、この〝一本釣り〟精神が重要になります。なぜかというと、優秀なエージェントは、年収の高い人の担当に配置されることが多いからです。年収800万円以上の人を担当するのは、スキルも経験も十分なエージェントです。そうでないと、ハイレベルな求職者の方の相談相手になれないからです。となると、**第2新卒や20代の皆さんは、2軍、3軍の人が担当することがどうしても多くなってしまいます。**

第2新卒の人たちは、仕事に関する専門的なツッコミをエージェントにぶつけることもほとんどありません。エージェントとして素人であっても「いろいろな企業を受けながら、一緒に考えていきましょう」と言って、何社も受けさせていれば、いずれは内定が取れる。だけど、その企業が、求職者本人にとって、本当に最適の企業とは限りません。

だから、年収が高い先輩から腕の良いエージェントを教えてもらえれば、最高なんです。「○○さんから紹介していただいたんですが、僕も担当してください」と言えば、たいていはOKしてもらえます。エージェントとしても「若手を担当するのは久々だな。よし、やってみるか」と面白がって、やる気満々で担当してくれることでしょう。

そんなわけで、転職を考えている人は、転職で成功した知り合いを増やしておくことも重要ですね。そして、「どこの会社を利用したか」ではなく「どんな人に担当についてもらったか」という、より細かい情報を集めておきましょう。

周りに転職した人が全然見つからない場合は、エージェントの口コミサイト「Callingood」を使ってみると良いかもしれません。口コミサイトの中には質問を投稿すると、エージェントが答えてくれるサービスなんかもあります。答えっぷりが秀逸だったり、この方の感性に自分は共感できる！と思った人に担当してもらえば、良い結果につながると思います。

▼エージェントにやる気になってもらう方法

エージェントの本気度を上げるためには、いくつか方法があります。

まずは、良い企業に転職できるようなアピール材料を揃えておくことです。企業に対して、「私のウリは○○です」とアピールできるストーリーを準備しておくのと同様に、エージェントに対しても、「私は売れる人材ですよ」とアピールできます。

志望先が、現実的に転職できそうな会社であることも必要です。高望みばかりしている人に注力しても、転職は成功しないからです。

それから、離職している人を相手にすると、エージェントのやる気も上がります。注力していれば、確実にどこかには入社してくれるはずですから。逆に、大手の優良企業勤務で、本当に転職するかどうかわからない、相当条件が良くなければ首を縦に振ってくれないような人は、「後回しでもいいかな」なんて思われてしまう可能性が高いです。

エージェントに注力してもらおうと思ったら売り込みは必須です。自分が売れる人材であり、かつ転職する意欲があり、あなたにこそ担当してほしいんだと訴えましょう。

エージェントとの相性は大切？

超重要です！

自分とエージェントとの相性という要素もばかにできません。生き方に対する考え方が近く、シンクロできるようなエージェントは大きな力になります。

私がリクルートエージェントに在籍していた頃、面白いことに、同じような相談者であっても、担当するエージェントによって行き先の企業にカラーが出ていました。**要は、エージェント個人の「経歴」と「価値観」が求職者の行き先に大いに影響します。**

▼自分が得意な業界を勧めたがる

メーカー出身のエージェントは、やはりメーカーの求人を紹介するのが得意なので、メーカーに行く人が多くなる。ベンチャー出身者であれば、ベンチャーを勧めたがる。

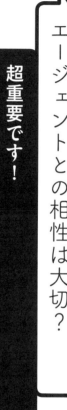

また、自分がイマイチよく知らない業界、会社、求人は、オススメする自信がないので、紹介を避けがちになるし、知っている会社、過去自分が担当して入社した人が幸せに働いている事実の確認ができている会社をオススメしやすいです。ですから、エージェントの得意不得意を理解するために、過去の経歴をしっかりチェックしましょう。

たとえば、私自身は1社目がリクルートキャリアで転職エージェント。その次は海外ベンチャーの取締役。現在は独立していますから、いろいろな社長さんや、ベンチャー役員さん、人材業界の方、元・現リクルートの方々と公私問わずのお付き合いがあります。その結果、人材会社の求人、人事の求人、海外就職、将来的に起業につながる求人、ベンチャー幹部の求人にめっぽう強いです。

だから、「どんな経歴で、どの業界、会社、求人が得意ジャンルのエージェントなのか？」という点は、エージェントの担当者選びの中でハズせないファクターです。

▼エージェントの価値観を知ろう

「働くということに対してどんな価値観を持っているエージェントなのか？」を確認して、自分にフィットした方に担当してもらうことは非常に大切です。

エージェントにとって、向き合う求職者に「より良い会社で、より良い人生を送ってほしい」という想いはもちろん全員共通です。求職者に、自分が考えるベストをご提案します。が、「良い会社って？」「良い人生って？」という問いに対する答えは一人一人千差万別ですので、どうしても、エージェントの価値観が色濃く出ます。

エージェントは、自分と同じような志向を持つ社長や社員のたくさんいる企業の情報は、日頃のプライベートでの付き合いもあったりして、どんどん仕入れることができます。逆に、そうでない志向や価値観を持つ人とはあまり付き合いがないので、よくわかりません。

私自身は最高の仲間とやりがいを感じられる仕事がやりたいという思いがあります。「働くことを楽しみたい！ どうせ働くなら、リスクがあってもワクワクする仕事に挑戦したい！」という価値観の方には、様々な提案ができます。逆に、「仕事内容はつまらなくていいから、親を安心させられるような、安定した仕事を紹介してください。えーと、主に、旧国策会社か、財閥系の企業が希望です」という依頼は苦手ジャンルです。

もちろんその価値観自体は否定しませんし、一生懸命探します。けれども、そういった企業で働いた経験は私にはないですし、そういった企業群で働く友人の数も少ないので、保有する情報量はどうしても少ない。「親を安心させたい」「つまらない仕事で安定重視」

という価値観が私自身とかけ離れてしまっているので、理解度に限界があります。

その方にとって価値観の合うエージェントのほうが、私以上に、フィットする仕事を見つけ有効なアドバイスのできる理解者になれるだろうと思うのが実際のところです。

▼希望を出せばエージェントの担当は変えられる

だから、価値観が合うかどうかって、実はすごく大事です。

極端な話をすると、大学時代の親しい友だちや先輩で、エージェント業をやっている人がいたら、その人に任せるのが良いと思います。過去の自分を知っている人であれば、価値観についてもわかっているはず。

担当になったエージェントが自分と合わないと感じたときは、希望を出せば、ちゃんと担当を変えてもらえます。チェンジすると、以前の担当よりも敏腕のエージェントがついてくれることもあります。が、チェンジされた側はかなりへこみますので、くれぐれも乱発はしないでください。むしろ、エージェントに登録する問い合わせメールの段階で、自分がどういう業種・職種を志望していて、エージェントも、こういう人にできれば担当してほしいですと伝えましょう。

ベンチャーに行くのはアリですか？

90％の人にはオススメできません

やりたい仕事をやって、たくさん稼げるという状態は理想的です。が、私は基本的にベンチャーへの入社はあまりオススメしていません。

大きく分けたときに、ハッピーなキャリアの終着点は4つあります。1つ目は自営業。2つ目は大企業で課長クラスか専門職。そして、ベンチャーの事業部長クラス。最後がフリーター。

自営業やフリーランスの人は、自分の才能を活かして、勝てる分野で自由きままに働く。大企業の課長は権限は大きくないけど、お金には恵まれているし社会的信用度も高い。ベンチャーは仕事のやりがいや仲間を重視。フリーターはお金はないが、時間と精神の自由度が高く、楽しく暮らす。それぞれに手に入りやすいものが違います。

目指すべき最終キャリアは４つ

	自営業（フリーランス）	大企業の課長クラス	ベンチャーの事業部長	フリーター
特徴	●自分の好きな分野で勝負できる ●時間の融通がききやすい ●高能力なら会社員より安定してる	●労働環境が良い ●会社が潰れにくい ●高収入が得やすい	●大きな権限と予算がもらえる ●自由度の高い仕事ができる ●仕事のやりがいが得やすい	●自分の才能を活かしやすい ●お金はないが自由きまま ●私生活を優先できる

自分が大事にしたい価値観と将来性を考えてキャリアを決めよう

大前提として、現在の日本は大企業に有利な国です。大企業に務めた方が雇用条件の面でローリスク・ハイリターンでお得です。役所もどちらかというと、大企業の味方だし、税金がじゃぶじゃぶ投下されているようなおいしい業界や企業もある。結果、労働環境は整い、法令も遵守され、より少ない時間で、より多くの収入を得やすい。

だけど、そういったたくさんのメリットを差し置いてでも、「自分のやりたいことを自由にやりたい！」という人はいますよね。そういう人は起業を最初に考えます。死ぬほど仕事に打ち込んでフリーランス（自営業）で食べていく生き方。フリーというと、リスク全開の危ない人生が待っているように感じる人もいるかもしれませんが、**能力の高いフリーランスというのは、ある意味、会社員よりも安定度は高い。**傭兵っていますよね。正規軍よりも士気が高くて、練度も高い、戦闘のプロです。

それがベストの人って、私の経験上、世の中の2％くらいでしょうか。それ以外の98％、大多数の人はどこかの会社に所属した方が、より良い条件で働けます。

いきなり起業はハードルが高い。成功できるかどうかも自信がない。すると、「ベンチャーに行ったら起業に近い経験ができるかも！　ベンチャーいいな！」って考える。

正直言うと、私はベンチャーを生涯のキャリアにすることはあまりオススメしてはいません。なぜなら、労働時間に対して、給与が安いからです。自分自身で、散々苦労の経験をしてきたから、憧れはゼロ。生々しい現実をよく知っています。

本当の意味でベンチャーに向いている人はどのくらいいるでしょう？　大企業や歴史のある堅実な中堅企業、中小企業に勤めるよりも幸せになれる人は、5％〜10％でしょうか。

▼男女で違う戦略

まず、働くうえで、何を優先すべきかというところで、男女に違いがあります。

女性の場合は、ベンチャーに飛び込むことにリスクは少ないのでどんどん挑戦して構わないと思います。30年分の仕事を、20代のうちの3年〜5年で経験するつもりで、出産する前にやりたい仕事をやっておいた方が良いです。

しかし、男性の場合は違います。51ページの通り、世帯を持ちたい男性は収入と時間の担保が第一優先課題です。そこをクリアしたうえでの「やりたいこと」です。なぜなら、父親になれば、大きな経済的負担を負うことになるからです。

「本当に今こそ勝負したい。そうじゃなきゃ、一生後悔する」

「ベンチャーであっても、出世して大企業並みかそれ以上に稼ぐ自信も覚悟も自分にある」

そんな強い想いと覚悟がない限りは、男性にはベンチャーはオススメできません。

それでもリスクを冒してベンチャーにいき、40年間のベンチャーライフを選択するのであれば、事業部長以上になって、予算管理の権限（決裁権）をもらって、自分で自由に事業をつくれるという立場まで出世しましょう。社長から全幅の信頼を得て、自ら事業をつくり、経営判断をする決済権を獲得してください。そうすれば、やりがいは最高、労働条件も大企業並かそれ以上です。ベンチャーを選ぶなら「圧勝」する覚悟が大切です。

簿記などの資格は必要ですか?

資格の力を過信してはいけません

資格は持っていればそれだけで企業から採用される効果を発揮すると勘違いする人がいます。それは大間違い。ただし、学生さんが就職活動のときに、資格を持っているとなかなか強いケースがありますので、まず、その例外の説明をしておきましょう。

▼新卒採用で資格が有効に働くケース

学生の資格取得として、銀行や、証券会社、保険会社に行きたいと思っている人が、簿記や、ファイナンシャルプランナーを取っておくというのは典型的です。

自分はソコソコの有名大学出身だが、このままでは、超有名大学出身者に負けてしまう。

そんなときに差がつくのが、金融系業務に関わる資格の取得の履歴です。

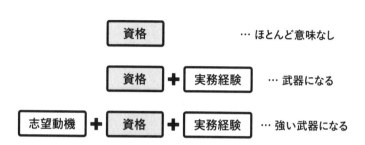

資格は単体ではほとんど意味がない

資格 … ほとんど意味なし

資格 ＋ 実務経験 … 武器になる

志望動機 ＋ 資格 ＋ 実務経験 … 強い武器になる

銀行窓口での対面業務や、証券や保険の営業業務のメインは個人の資産運用。だから、入社1年目の研修では、まずはFP（ファイナンシャルプランナー）資格を取ることになります。銀行での法人向けの融資担当であれば、企業の財務状況を理解するために、簿記の資格の取得です。「学生時代に2級を勉強しました。御行へ入ったらより資産運用への理解を深めて1級を取って、様々な人の助けになりたいです」。こんなふうにアピールしたら、その他大勢の学生とは目立ち方、アピール度が違います。

FP3級や、簿記2級なんて資格は、勉強すれば簡単に取れる程度の資格です。簿記に至っては、商業高校の高校生ですら持っているケースが多いです。誰でも取れる簡単な資格の取得が、なぜ大卒の新卒採用で加点評価になるのか？　それは、入社後の「定着性」の根拠になるからです。

▼既卒者で資格が有効に働かないケース

一方で、既卒者の場合、資格を取っただけで、その資格を使っての実務経験がない場合は、ほとんどプラス効果はありません。某大手人材会社さんにある、求人全部の総数の中で、求められる経験・能力として「実務経験を求めるもの」と「資格の保持を求めるもの」の比率は、なんと「30対1」だったそうです。言い換えると、資格よりも、実務経験のほうが、30倍強いです。たとえば合格率が10％程度と、難関とされる公認会計士試験に合格していても、社会人未経験の30歳という人は、たとえ有名大学の学歴を併せ持っていたとしても転職市場での価値は低く、就職に相当苦戦します。

会計士の資格がなければハンコを押せない、ハンコ商売の監査法人であれば話は別ですが、事業会社の経理・財務ポジションの場合、高卒でも経理業務の実務経験を10年持った人を採用したがる企業の方が遥かに多いでしょう。取得難易度の高い資格だけ持っていても、「勉強ができるだけの人かも」「社会人としては初心者なのに、無駄にプライドの高くて使いにくい人かも」というように採用する側からは敬遠されてしまいます。

だから、資格は「あれば手に職！　失業の心配なし！」という保険というよりは、あることによってベターな選択肢が出現する可能性があると捉えておくのが適切です。

資格が有利に働くための必要条件として、営業でも、経理でも、技術でも、何かしらのスキルがなければいけません。何らかの「実務経験」と組み合わせて、はじめて効果を生むのが資格というものです。

▼既卒者の資格が有効に働くケース

ただし、転職の場合も、学生と同様に、資格が志望の根拠、定着性の根拠として働き、転職を容易にすることがあります。

1つ目は、近い職種だがより専門性を高めたい場合の転職です。

入社3年目、25歳、総務部で働いているAさん。管理部門にいますが、やっていることはほとんど雑用です。Aさんは、経理部に駆り出されて、伝票の整理作業を手伝っているときに、その伝票の数字をしっかりとまとめ、決算書をつくったり、会社経営に関わることのできる経理職になりたいと思い立ちました。仕事が終わってから、毎日勉強して簿記

2級を取得。総務の仕事をする中でも、経理に関わる、エクセルや、アクセスといったソフトウェアの操作のスキルを身につける仕事に積極的に取り組みました。

そして「経理になりたいです」と経理職に決め打ちで転職活動をする。これはうまくいきます。社会人経験があり、管理部門に在籍していたので、「報連相はできるだろうし、管理部門が何を大事にしながら仕事を進めるかわかっているだろう。データを管理するためのソフトウェアも使えるし、使い勝手は良さそうだ」と採用担当者は判断します。**そして、決め手は経理になりたいという根拠として簿記の資格を取ったことの説得力です。**

2つ目は、職種は変わらないが、未経験の業種に挑戦したい場合です。

旅行代理店でツアーの販売をしているBさん。営業所のカウンターでお客さんとしゃべりながらニーズを聞いて、「でしたら、こういうのいいんじゃないですか」と提案し、選んでもらうのが仕事です。もっと収入の多い仕事をしたいなと思ったBさんは、不動産業のインセンティブが高い会社に営業職として転職しようと考えました。

「ツアーを売っていたときも成績は優秀だったので、御社でもバリバリ不動産を売れると思います」。残念ながらBさんのこのアピールに説得力はありません。

しかし、**Bさんが事前に宅地建物取引士の資格を取得していれば、採用担当者の印象は**

キャリアアップ年収換算早見表

27歳時年収		800万円以上	500万円〜800万円	350万円〜500万円	300万円〜350万円	200万円〜300万円
管理系	会計系	公認会計士	税理士	簿記1級	簿記2級 アクセス	事務職 （派遣） 基礎 PCスキル パワーポイント エクセル
	人事系			社労士		
	その他	弁護士 （法務）		通関士		
営業系	営業実務経験	法人営業S 東証一部上場クラス企業の役員以上が営業先 新規開拓型営業	法人営業A 社長/社員数100名以上の企業の部長職以上が営業先 新規開拓型 個人営業A 新規開拓型 高単価商材でトップクラスの営業実績	法人営業B ルート営業 中小企業対象課長職以上が営業先 個人営業B 低単価商材 普通レベルの営業実績	販売職 （売上目標あり） 高度な接客業 （高級ホテル、高級レストラン、フライトアテンダント等）	販売職 （売上目標なし） 接客業
技術系	ネットワークエンジニア		CCNP	CCNA		IT パスポート
	SE （システムエンジニア）		Java言語 プログラミング技能	C言語 プログラミング技能		
	データベースエンジニア		Oracle Master Platinum	Oracle Master Gold	Oracle Master Silver	
デザイン系				CAD/CAM	DreamWeaver HTML Photoshop Illustrator	
医療系		医師	薬剤師 看護師		歯科衛生士 准看護師	
その他			建築士		調理師/栄養士/保育士/教師	

出所：『年収300万円の残念な働き方 1万人に会って分かった年収の壁を打ち破る方法』（鈴木康弘著・翔泳社刊）
注：あくまで大まかな目安です

大きく変わります。「現職の業務は忙しかったです。が、やはり不動産業の基本知識を知ったうえで、不動産の会社選びをしなくては良き転職はできないと考え、宅建資格を取りました」。これなら、採用される公算は大。営業力（現職の営業実績）＋不動産業への関心（資格）の合わせ技で一本です。

▼最初の志望動機は思いつきで良い

20代の社会人は「思いつき」や「やってみたい」という動機での未経験の仕事への転職がしたくなることはたくさんあります。それはそれで、素敵なことです。

ただ、中途採用は、基本的には経験者が優先して採用されるマーケットですから「思いつき」だけで、自分の希望する仕事に内定を取れることはなかなかありません。

しかし、志望する仕事に関連する資格を組み合わせて「根拠」をアピールすれば、ほかの未経験の候補者に対しては大きな差をつけることが可能ですし、実務経験者のライバルに対しても、人柄や今後の伸びしろといったポテンシャル面で勝負できます。

志望する業種や職種の的を絞った事前準備を適切に行えば、たった3カ月や半年くらいで、「転職市場におけるキャリアの価値」は大幅に積み増しできます。

英語力は必要ですか？

資格と同じで補助として使いましょう

「英語も得意です」という人と「英語だけ得意です」という人の間には、大きな違いがあります。「英語だけ得意です」という人は、裏を返せば、日本語を使ってやる仕事に得意分野がないということ。「じゃあ、あなたは英語を使って何の仕事ができますか？」と聞かれて、「いや、何もないです」では、社会人としてお話になりません。

もちろん、通訳という仕事もあるにはありますが、ネイティヴレベルに加えて、瞬時に翻訳する頭の回転の速さ、言葉のセンスが必要な、極めて特殊な仕事です。

▼理系こそ英語を学ぼう

では、英語力がキャリア価値の向上に役に立つケースを挙げていきましょう。

英語力の影響は大きい

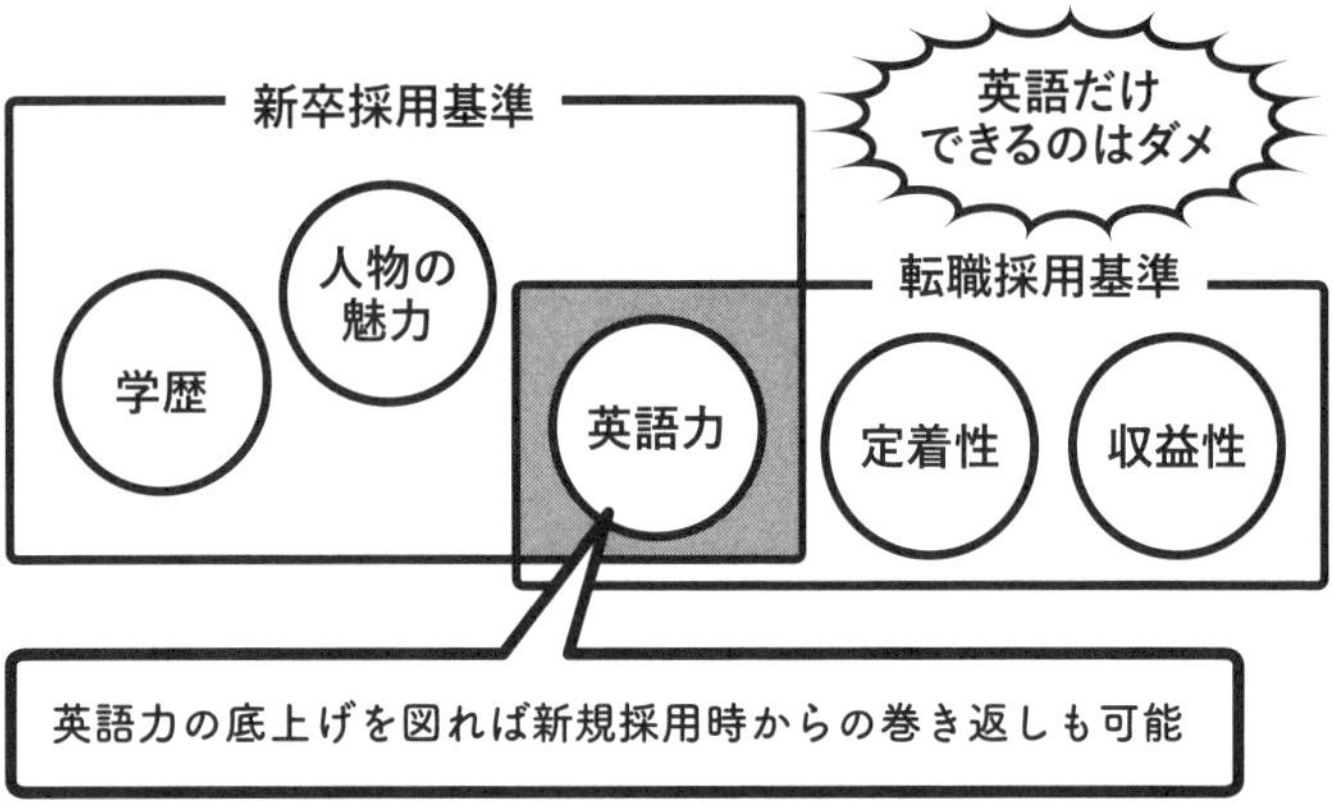

理系出身のネットワークエンジニアが、TOEIC700点ぐらいで、読み書きはできるし、ある程度しゃべることはできる。これだと、満点でなくても、ちゃんと価値がありま す。**なぜなら、理系出身者は英語が苦手という人がほとんどで希少価値が高いからです。**

「海外製品を導入したいのだけど、仕様書が英語で書いてあった」なんてときには、活躍できるでしょう。わからない単語があったとしても、辞書を引きながら読めば、理解はできるはず。上司にも「あいつは役に立つよね」と評価してもらえることでしょう。

WEB業界で、超トップクラスの技術力を持つCTOクラスのITエンジニアにお会いしたことがあるのですが、彼らは仕事の際には、ほぼ毎日英語を使うそうです。

なぜなら、最新の技術は、主にアメリカのシリコンバレーやインドのバンガロールで生まれており、それらの技術的知識が日本語に訳されたものが日本のエンジニアの教育のために流通する頃には、すでに時は遅し。時代の最先端の技術ではないからだそうです。

最近では国内メーカーで働いている人も、英語と無縁ではいられません。

品質の高い製品を開発しても、国内市場だけでは見込める売上や伸びしろが小さ過ぎて、海外に向けても拡販することが最重要課題という企業がほとんどです。また、販売だけでなく、原材料や部品の仕入れという面でも、海外からより良いものを、より低コストで仕入れなくてはなりません。

そうすると、英語ができない人が採用されるのは、国内の売上高比率が70％以上というような、ドメスティックな企業、海外で通用する製品を持たないマイナーな企業に限定されてきます。そういった企業に、今後10年〜20年、将来性があるかというと、かなり怪しいところです。

英語力の習得は他の資格と比べると、ちょっと特殊です。簿記や、宅建、ファイナンシャルプランナーなどの資格は、週末だけでもまじめに勉強していれば取得できる、いわば、あとづけ可能なものです。スキルとして評価されるというより、努力指標とか、興味あることの根拠に〝じかならない〟とも言えます。

▼英会話スクールより留学

でも英語は、話せるレベルになろうと思えば、丸1年間海外に留学するぐらいのコストがかかります。「働きながら英会話スクールに通うのはダメなのか」と思う人はいるかもしれませんね。しかし、週末の勉強程度では本当に使える英語は身につかないんです。「やります」って言ったところで、入社してから英語が身につく可能性は低い。比較的時間に余裕があった学生時代に身についていなくて、社会人になって忙しくなってから、ちゃんと勉強できるわけないでしょというのが、採用担当者の考え方です。

採用担当者は「言うこと」だけではあなたの意思を信用しません。意思を裏付ける「行動」を見ます。「英語を勉強するつもりです」では意味がなくて、「勉強して、これだけ英語ができるようになりました」じゃないと通用しない。

社会人になってから英語を身につけようとするなら、一番のオススメは、3年間、何かしらの社会人経験をしっかり積んだ25～26歳のタイミングでの留学です。

実務経験に英語が加われば鬼に金棒

これであれば、語学留学の半年、オーストラリアやカナダへのワーキングホリデーを1年間楽しんでも27～28歳。営業職や、技術力の実務経験3年＋英語力上級で20代後半。このスペック感の人材は、転職市場でも引っ張りだこ。実務経験5年だが、英語が全くできない人材よりも魅力的と言えます。

留学をせずに英語力を身につけるなら、TOEICの点数取得がすべてです。だらだらと英会話スクールに通うのではなく、半年とか集中する期間を決め、座学で徹底的にガリ勉して高得点を取得してください。

社会人でも自己分析は必要ですか？

絶対やるべきです

就職活動で職業適性テストを受けた人は多いと思います。これって、転職の際にも必要でしょうか。**先に結論を言ってしまうと、絶対にやったほうが良いです。**

企業の人事部が何を見て、求職者の人格をジャッジするのか。答えは職業適性テストの結果です。「賢い人を採用したい」というときに、採用担当者が学歴を重視するか、適性テストの学力面の結果を重視するか。これも適性テストを重視する企業が多いです。

▼採用の場ではバリバリ活用されている

まず、能力面に関して説明しましょう。

適性テストは「学校の勉強」とは違います。脳の吸収力や反応速度は勉強したところで持って生まれた以上の能力は発揮しにくい面があります。だから先天的な「頭の回転が速い人」と後天的な「勉強すれば成果を出せる人」の区別をはっきりつけることができます。たとえば早稲田卒で適性テストの偏差値が55のAさんと、日本大学卒で適性テストの偏差値が70のBさん。このどちらを採用するかは、会社の好みによります。それぞれ、どういう人格を予想しますか？　ヒントは「大学受験で頑張ったかどうか」です。

Aさんは、勤勉な秀才タイプ。生まれ持った地頭は偏差値55とソコソコだけど、早稲田に入学できた。一方のBさんは天才肌だが勉強嫌いなタイプ。地頭の偏差値は70と非常に高いのに、中堅どころの日大に入学。

Aさんは、もって生まれた才能に不釣り合いなほどの高学歴ですから、大学受験のときに、相当な努力をしたはずです。採用担当者は、Aさんに対して「我慢強くて、こつこつやることに向いている努力家」という仮説を立てます。ただ、単純な頭のキレや、物事を理解する速度を求めるには、Aさんに学歴相応の高い能力を期待することは難しいです。

一方のBさんは、持って生まれた頭はズバ抜けて良いのに、学歴が伴っていません。おそらく大学受験にまじめに取り組まなかったのでしょう。想定される原因は、先を見る力の欠如。Bさんが高校のときには、勉強することで、社会に出たあとにどれだけ得するかという構造を、ちゃんと先を見て理解できていなかった可能性が高い。もしくは、我慢強さの欠如。自分がやりたくない、ストレスがかかることを回避しがちで努力を継続することができない傾向にある。受験日などの一発勝負のプレッシャーに弱いかもしれない。

いずれか、もしくはその全部か、どこかに欠点がある。ですが、もって生まれた才能はあるので、仕事にハマって努力をすれば爆発的に伸びるポテンシャルは持っている。応募者の適性検査の結果と、履歴書を見たときに、採用担当者はそういった仮説を立てます。

たとえば堅めのメーカーや、インフラ関連企業のように、長期間、決まったことに取り組むといった職種では、Aさんのような人が歓迎される傾向にあります。地頭の良い人よりも、こつこつやれる人が、仕事においても堅実に成果を出しやすい。学生時代に先生の言うことを聞いてまじめにやる〝秀才タイプ〟を欲しがるんです。

その逆で、ベンチャーや流行が目まぐるしく変化するウェブ業界や、頭のキレやスピーディーな仕事の進め方が必要になるコンサルティング要素の強い業界では、高学歴に越したことはないけれども、そこで多少劣っていたとしても、地頭が良ければ何とかなると判断される傾向が強い。

▼学歴がイマイチでも適性テストで挽回できる

以上を踏まえてみると、新卒でも、既卒でも、高学歴の求職者は適性検査に対する認識が甘いですね。「高学歴だから頭が良いと思ってくれるだろう」なんて考えてしまっている。違います。学歴だけではなく、適性テストの結果もしっかり考慮して判断しますから。

逆に言えば、学歴がイマイチでも、適性テストで挽回できるチャンスは大いにあります。

「面接の受け答えはかなりシャープで、学歴から想像するよりもかなり頭は切れるな。あ！　やっぱり適性テストでもかなり高い得点を出している。私の見る目は間違っていなかったな。よし！　採用してみよう！」

こんな感じのことは、採用の現場では、よくあります。

▼能力だけでなく性格も重要

職業適性テストでは、能力だけでなく、性格特性も見られています。こちらに関する記述の部分が、能力面の3倍以上のスペースを占めるテストがほとんどです。

性格特性は「採用をするか否か？」「その人をどの部署に配置するか」を判断するうえ

で、最も重要な参考情報になります。面接官は「あなたはどんな人柄ですか」、「長所と短所は？」と質問します。それに対する答えと、手元のテスト結果を見て、整合性をチェックしています。

面接において、自己認識の的確さは、ある意味、その人の精神年齢や人格の成熟度を表します。面接での回答と適性検査の整合性の高い人は、高い評価ができます。なぜなら、自分を客観視する能力が高く、欠点を内省する力が高く、入社後も、自ら自分の欠点を克服するために自主的に考え、努力をして成長していく可能性が高いからです。さらにその欠点を勝負どころの面接の場で正直にはっきり言えるということは、自己開示能力が高い、誠実な人柄であるという仮説まで立てることができます。

逆に、自己認識が的確でない人は、自分自身と向き合う力や、自分の欠点を認める力が欠如している可能性が高いため、入社後の配属先の上長にとっては弱点を指摘して反省をさせたり、負けを認めさせて謙虚にしたりと、大人に育てるためにはそれなりにマネジメントに工数がかかる可能性が高いです。

以上の通り、採用する側の企業の面接官には非常に重視される適性テストですが、その結果や検査項目は機密事項で、入社後に本人が知ることはほぼ無理です。

▼転職前にテストを受けておこう

しかし、その結果を予測する方法があります。同じようなテストを受けることです。たとえば、リクルートが提供している「R-CAP」というテストがあります。

R-CAPは自分がどういう人柄なのか、そして、どんな職業志向を持っているのかということを分析することができるテストです。また、ストレングスというテストは、「自分の性格面に関する強み」に関しても知ることができます。そして、企業が行っている性格特性テストで最も流通しているSPIも、同じ会社、リクルートがつくっているテストです。私自身、その両方に関して見る機会が多いのですが、算出される結果の数値に関してはある程度の相関性が見て取れます。

つまり、皆さんが転職活動をする際には、面接を受ける前にR-CAPやストレングスを受けておくと、自分は企業にこんな人間だと思われているだろう」という予測が立てられるということです。予測をしないまま、面接のときに適性テストの結果と全く異なる受け答えをしたらどうなるでしょう。「嘘をついてるか、自己認識ができていないか、どちらか両方だな」という目を向けられてしまいます。

▼診断テストで嘘は通用しない

私がよく知っているリクルートエージェントの取締役や部長クラスの上司たちも、適性テストにはかなりの信頼をおいています。「適性テストでは採用基準に合ってないけど、俺はイケると思って取ってみたんだけど……。3年後の結果を見ると、やっぱり全然活躍してないよね……。俺の人を見る目より、SPIの精度のほうが高いってことかいな！（苦笑）」なんて声が聞こえてきたことは、実はあります。

採用のプロ、面接のプロが集う、最大手の人材エージェント会社の棟梁たちですら、そういうことはあります。

適性検査とは、そのぐらい精度が高いものです。

恐ろしいことに、自分の適性検査の結果を操作しようと、嘘の回答をしても、バレます。だから、正直にありのままの自分を回答することが一番です。

大企業の人事部は採用に至った社員の適性テストの結果と、その後の成績をデータベース化しています。入社した社員の中で、10年後に活躍している社員と全然ダメな社員、普通の業績の社員それぞれで平均値を出してみる。

そうすると、ハイプレーヤー社員にはこういう傾向がある、ちゃんと管理職になって成果を出す社員にはこういう傾向があるということがわかってくる。そして、「じゃあ管理職候補としてはここの指標がいくつ以上の人を採用しよう」「現場でプレーヤーとして活躍する人はこの指標を重視しよう」「この指標がこの数値に届いていない人は、採用しないことにしよう」というふうに適性テストを活用しています。

それが、採用基準を決めるということであり、その基準に合致した人材の好みに刺さるキーワードで採用パンフレットをつくったり、会社説明会を企画するのが、採用戦略であり、企業の採用におけるブランディングです。**企業の採用は、面接を受ける側が思うよりも、遥かにきちんと数値化、仕組み化されています。**

だから、自分が採用の仕組みの中で、どのような評価をされるのかを事前に予測することが「自己分析」であり、その予測に基づいて適切な自己アピールをできるようになることが「面接対策」です。

R-CAPの診断結果

R-CAP RECRUIT Career Assessment Program

10p

鈴木康弘 さん

3 あなたの職業適性 (Job Fitting Index ジョブ・フィッティング・インデックス) 全9ページ(5/9)

業種・職種選びに役立つ!!

②あなたは、どんな職業志向をもっているか

ここでは、やりがいをもって自分の仕事にのぞんでいる140職種の社会人データから、

「個人の仕事内容に関する興味や関心」の傾向を抽出し、7つの「職業志向」としてまとめました。
・上の表は、あなたの志向と似ている上位20職種について、特に強く見られる2つの志向を●で示しています。
・下のグラフは、あなたの職業志向の全体傾向を示しています。

【あなたの志向と似ている上位20職種における職業志向】診断結果

	権威・ステータス志向	文化・学術志向	協働・ビジネス志向	技術・システム志向	感性・クリエイティブ志向	社交・ホスピタリティ志向	対人・接客志向
(1) 新聞・雑誌記者		●			●		
(2) アナウンサー・レポーター	●				●		
(3) 旅行代理店接客・ツアーコンダクター						●	●
(4) 流通・小売店店長						●	●
(5) 販売促進	●						●
(6) ホテル・旅館接客						●	●
(7) ビジネスコンサルタント・アナリスト	●		●				
(8) スポーツトレーナー・インストラクター						●	●
(9) 会計士・税理士	●		●				
(10) 営業B(法人向 新規開拓・高額営業)	●		●				
(11) 営業F(法人向 新規開拓・低額営業)	●		●				
(12) 自営業・商店主(非メーカー系)	●				●		
(13) バイヤー		●			●		
(14) スーパーバイザー	●						●
(15) 営業H(法人向 固定客・低額営業)						●	●
(16) 経営企画	●		●				
(17) ミュージシャン			●			●	
(18) 食品系商品企画				●		●	
(19) 国際・貿易事務	●		●				
(20) 調査研究員	●		●				

【あなたの職業志向(全体傾向)】診断結果

権威・ステータス志向 (66)
リーダーシップをとることに価値をおき、社会や経済への影響が大きい仕事を好む志向

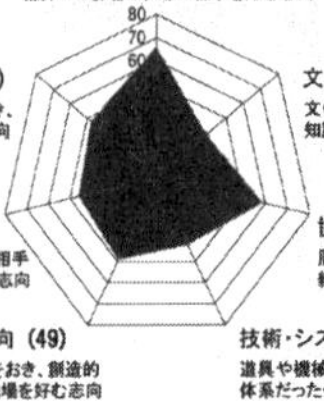

対人・接客志向 (48)
社内外の人間関係を広げることに価値をおき、多くの人と接することのできる仕事を好む志向

文化・学術志向 (39)
文化的、学術的な経験に価値をおき、実績や知識を積み重ねていく仕事を好む志向

社交・ホスピタリティ志向 (46)
他者を援助したり理解することに価値をおき、相手の役に立ち、喜んでもらえるような仕事を好む志向

協働・ビジネス志向 (59)
周囲の人たちと協働することに価値をおき、組織のなかで仲間と働く仕事を好む志向

感性・クリエイティブ志向 (49)
美的なものや造形的なものに価値をおき、創造的な能力が発揮できるような仕事や職場を好む志向

技術・システム志向 (42)
道具や機械を用いた現実的な活動に価値をおき、体系だった仕事や職場環境を好む志向

○をつけましょう 「今後大切にしていきたい」と思う志向に○

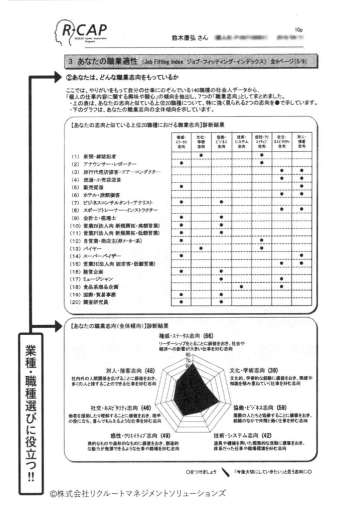

第3章
「本当に良い会社」の探し方

ブラック企業で働きたくないです

見分ける方法を教えましょう

ブラック企業というのは、長時間労働で低賃金の会社を指すことにしましょう。長時間労働でも、それに見合っただけの高い給料がもらえるなら、良しとしておきます。

▼高いスキルがあればブラック企業で働かなくて済む

さて、その定義に基づけば、ブラック企業って実は2通りしかありません。

1つは、利益はちゃんと出ているのに、経営者が超ケチというパターンです。社員を搾取しまくって金払いが悪いという会社。

こういった会社に間違って入ってしまっても、しっかりスキルを身につけてから転職をすれば問題ありません。

2つ目のパターンは低収益で、社員に良い給料を払いようがない会社です。問題なのは、このような低収益の企業でしか働くことのできない状態になってしまうことです。

低収益の会社で働く人のスキルを見ていくと、やはり生産性が低い仕事の能力しか身についておらず、高収益の優良企業の社員の採用基準には遠く及びません。働く側である本人に利益を生み出す力が低ければ、長時間働く以外になくなってしまいます。結果として、自分をブラックな環境におかざるを得ないというわけです。

だからまずは、**自分が高い利益を生み出せるスキルを持った人間になることが、ブラック企業への就業を回避する一番の方法です。**

▼稼いだ分だけ社員に還元されているか？

では次に、会社自体に問題がある企業をどうやって見抜くか。これは、いくつか指標があります。

まずは労働分配率。会社の利益のうち、何%を社員に還元するかということですね。

わかりやすい営業系の仕事を例にしてみましょう。だいたいどの会社でも、本人が営業で上げた粗利益の5分の1がもらえるようになっています。その人が5000万円稼いだのであれば1000万円もらえますが、1000万円の利益を出した人は200万円しかもらえません。

金払いが良い会社だと25%から30%ぐらいもらえる会社もありますし、逆に10%とか15%しかもらえない会社があります。この労働分配率を同業他社と比べてみたときに、ほかより大幅に低いのであれば、ブラック企業の疑いアリです。

営業目標は高いのに、給与は低いという会社も、ブラック企業の可能性があります。営業目標通り稼げているのであれば、労働分配率から考えて、給与はもっと上がるはずなのに……。そんな会社です。

▼複数社から内定をもらって比較しよう

一般には、企業の営業目標は公表していませんし、面接のときにも出てくることはまれです。だから、内定が出たあとに聞く必要があります。業種が違えば一律に比較はできませんが、同じ商材を扱っている競合同士であれば、この段階でジャッジ可能です。

同業の複数社から内定をもらうことができれば「A社のほうがB社よりも営業目標が低いのに、給料が高い。これはA社に勤務したほうが得だ」という具合に比較して判断ができ

慎重に比較をしよう

きます。

面接中でも、言い方に気をつければ教えてもらえることもあります。

注意すべきは、前向きに、ということですね。「御社に入ったら、目標はちゃんと達成したいと思うので、初年度の目標はいくらぐらいで、入社3年後の平均値ってどのぐらいですか」のような聞き方であれば、イケるかもしれません。「御社の社員として一人前として認めていただけるには、どのぐらい稼げばいいんでしょう」と。

▼入社前に職場見学をするとわかることもある

それから離職率。1年以内に何割の社員

が辞めるかというデータですが、全職種での平均値は7〜8％です。これが20％を超えたらかなりキツい会社です。

離職率も、一般的には公表されていません。これは内定をもらってから聞くしかないですね。「御社に入社するのを前向きには考えていますが、一生のことなので、参考までに離職率を教えていただけますか。おおよそで構いません」。ストレートに、さらっと聞きましょう。

さらっと聞いてさらっと教えてくれる会社かどうか。「5〜6％だったかな」「普通よりちょっと少ないぐらいですよ」という答えなら、大丈夫そうですね。逆に「それはちょっと出せないんですよね」という答えが返ってきたら、「あ、ヤバい会社かも……」と考えるべきです。内定を取った人に対しても教えてくれないというのは、隠したいほどの高い数値である可能性があります。

そして労働時間ですね。平均残業時間はどのぐらいなのか。「入社当初はやっぱり残業多いと思うんですけど、平均値ってどのぐらいですか」と聞いてみる。労働時間に関しては、ストレートに聞く以外にも方法があります。たとえば職場見学させてもらう。働いている人たちが疲れ切っていて、顔に生気がなければ、危険な職場。

お昼時に、社員が一斉にご飯を食べに出ていくときも、観察してみると、良い会社とブラック企業で、明確に差があります。やっぱり良い会社にいる人って笑顔です。微妙な会社にいる人って、ちょっとげっそりしてるとか表情暗いです。さらには、夜にその会社の通用口を見張ってみる。夜の10時や11時になっても、人が次々出てくるようなら、絶対残業してます。外から、ビルのフロアの電気が消える時間を見てみるというのもアリですね。

▼ストレスの多い職場かどうか?

顧客や取引先での評判もその1つ。

労働条件などの法令遵守の意識は、従業員に対する経営者のモラルが現れます。そこがしっかりしていない企業は、顧客に対するモラルも低かったりします。だから消費者センターにお客さんがよく飛び込んでいるような会社は、ブラック率が高いです。

携帯ショップなどが「やり方が強引だ」みたいに批判されることがありますが、末端のお客さんにストレスがかかっているのは、現場にストレスがかかっているからです。「無理やりでもいいから、とにかく売れ」なんて言われたら、社員はやるしかないじゃないですか。

ブラック企業を見分ける方法

- □ 営業分配率は低くないか
- □ 営業目標、給与、労働時間のバランスは適切か？
- □ 離職率は10％以内か
- □ 取引先や顧客の評判
- □ 社員が楽しそうか
- □ ネットに悪い噂が流れていないか
- □ トイレが清潔か

ただし、自分に稼ぐ力がなければどんな職場もブラック企業になる！

ネットの口コミ掲示板に「あそこの商品はよく壊れる」とか、「保証で問い合わせたら、文句つけられて結局直してくれなかった」と書かれているような企業も、覚悟が必要です。入社したら、そういうクレームを自分がもらうことになりますから、確実にストレスがかかります。「あの会社の製品、使ったら良かった」というような声が多い会社であれば、社員たちも、満足しながら働けますよね。

ただ単に古いだけなら問題ないのですが、トイレが汚い会社は考えたほうが良いです。ちゃんとトイレが掃除されているかは見ておきましょう。そういうところに社員のモチベーションや会社の状態は現れるものです。

▼自分から情報を入手して自衛しよう

ここまで書いてきたように、ブラック企業かそうでないかというのは、複数社を比較してみることではっきりします。だから、転職活動は、1社だけしか受けないというのではなく、複数社を受けて、複数の内定先から自分にとってベストの会社を選択することをオススメします。

企業は自社にとってデメリットになる可能性がある情報は基本的に公開しません。そういう情報を開示するフェーズは、企業にとってメリットがあるときに限られます。「入社してほしい人材がいるけど、この情報を開示しないと決めてくれなさそうだ」という状況が、まさしくそれです。

最後に1つ、重要なことを付け加えておきます。ブラックか、ホワイトかというのは、企業で見るのではなく、部署でも見るべきです。ホワイト企業の中にも、ブラックな部署があることは少なくありません。

成長できる職場に行きたいです

OBの動向や教育体制に注目！

一番わかりやすいのは、その企業出身の人が中途採用市場で活躍しているかどうかをみることです。

「あの会社の出身者って、やっぱりイケてるよね」という評判や、転職に成功している人が多い会社は間違いなく成長できる会社です。

それから、ベンチャーからスタートして、急成長を遂げ、新規上場を果たした企業。そういう企業の役員一覧も参考になります。日本一の大企業であるトヨタですが、トヨタ出身でベンチャー役員ってほとんどいません。トヨタ自体がすごく良い会社だから辞めないということもありますが、トヨタで戦闘力を発揮する人であっても、トヨタの外に出たときに必ずしも強いとは限らない。

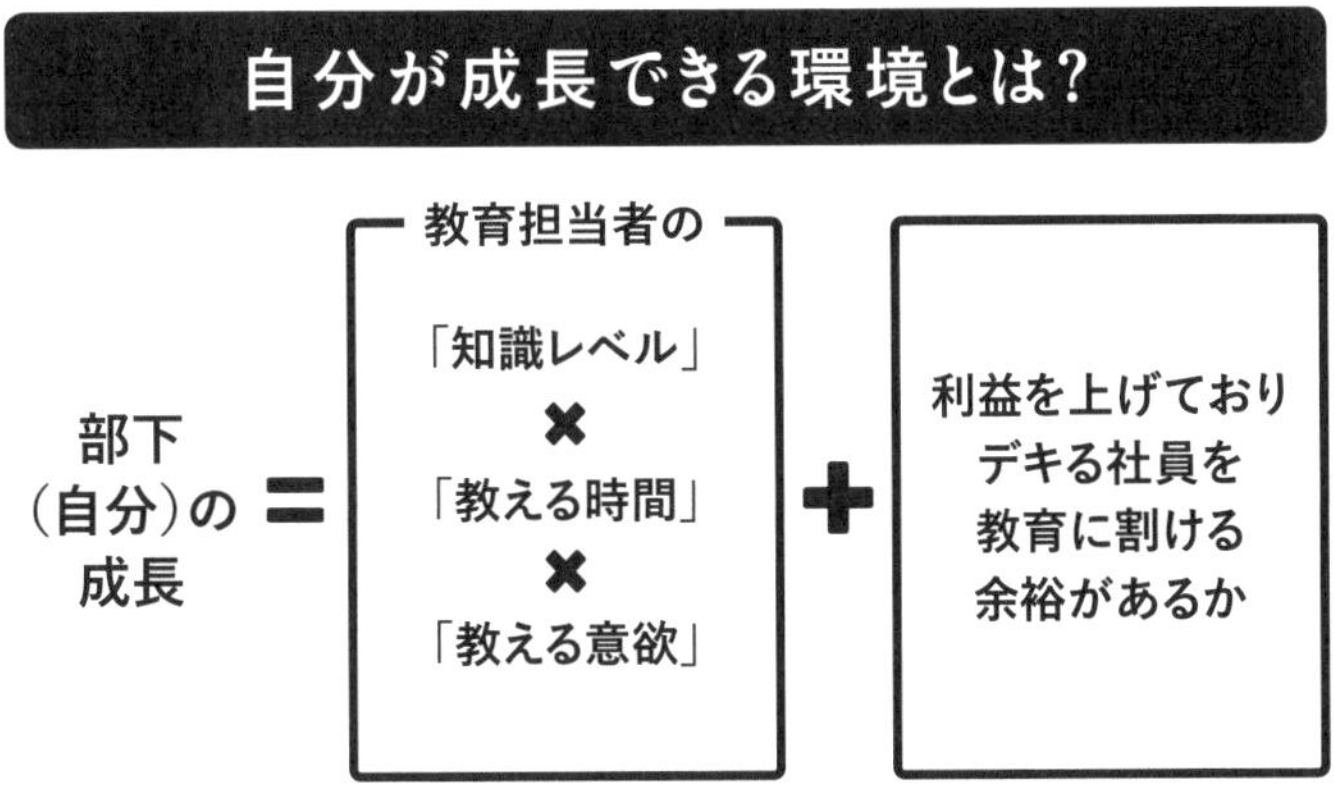

▼若手が育つ会社とは？

新興上場ベンチャーで出世している人の出身企業には傾向があって、45歳以降だと野村證券が多い。30歳から40歳過ぎぐらいだとマッキンゼー、アクセンチュア、リクルートという名前が並んでいます。財務責任者系には、監査法人やメガバンク出身の人も多い。最近は、楽天、ＤｅＮＡあたりのＷＥＢ企業出身者も増えてきました。

いずれも、新卒採用が上手で、若手社員を厳しい環境で育てることに定評のある会社です。そういう人たちは、基礎能力を社会人の最初のうちにきっちり鍛えられています。

▼教育担当者にエースが配属されているか?

特に新卒入社の場合は、25歳までにどんな上長が教育担当になったかで、そのあとの影響は大きいです。教育担当の「知識レベル」×「教える時間」×「教える意欲」に比例して、成長の度合いも変わります。

たとえば、中学や高校の部活動って、顧問が優秀かどうかで部の強さが決まることが多いですよね。良き指導者がいない部活は、どれだけ頑張っても限界があります。顧問の知識量や、教えるためにどれだけ時間を割いたかが重要になってくる。同様に、**教育担当者がしっかりしている会社は、社会人として必要なスキルをみっちり鍛えてもらえます。**

鍛えてもらえる会社は、大前提として、収益をきちんと出している会社である必要があります。たとえば営業利益率が2%あたりを行き来してて、ギリギリのところにいる調子が悪い会社だと、会社に貢献している先輩はお金をもうける仕事に配属せざるをえません。トップセールスの人を教育担当に回すだけの余裕がない。これは、技術職や管理系職種の場合も同様です。

第2新卒にとって重要なのは、1社目での3年間の教育ですが、それ以降の20代の転職、

30代での転職でも基本的には変わりません。35歳で課長として転職したら、部長の質でそのあとが決まります。部長であれば、役員や社長の質で決まる。上司がイケていれば、いい管理職になれますし、上司がダメだとやっぱりダメになります。接触する時間が最も多い上司がどれだけ優秀かで決まります。

▼給与の高い会社のほうが良い

給与を見ることも、成長できる会社を見極めるために有効です。同業同士の会社選びでは、給与の高い会社のほうが成長できる可能性が高い。なぜなら、より給与が高い会社により優秀な人は集まっているからです。また、給与が高い会社は、比例して業績目標も高いです。高い業績目標を達成していくうちに、自然と高いスキルが身につきます。そうして、競合他社の社員の2〜3倍の生産性で仕事が当たり前のようにできるタフなビジネスパーソンが育つ、というわけです。ですから、若いうちの苦労は買ってでもしたほうが良いのです。

異業種の転職はリスクが高い？

転職しないリスクも考えよう

「異業種の転職は、給与が下がりそう。やめておいたほうがいいかな」と思う人もいるでしょう。

あまり身構える必要はありません。業種を変えたら、転職で給料が上がるか、下がるか。もちろん、普通は下がります。それは未経験だからしかたのないことです。でも、重要なのは、リスクをいつ取るのかということです。転職してすぐの時期か、5年先か、20年先か。その選択によって、結果は全然違ってきます。

▼給与よりもスキルを重視しよう

仕事の報酬は、今もらえる給料と将来もらえる給料のバランスで成り立っています。今

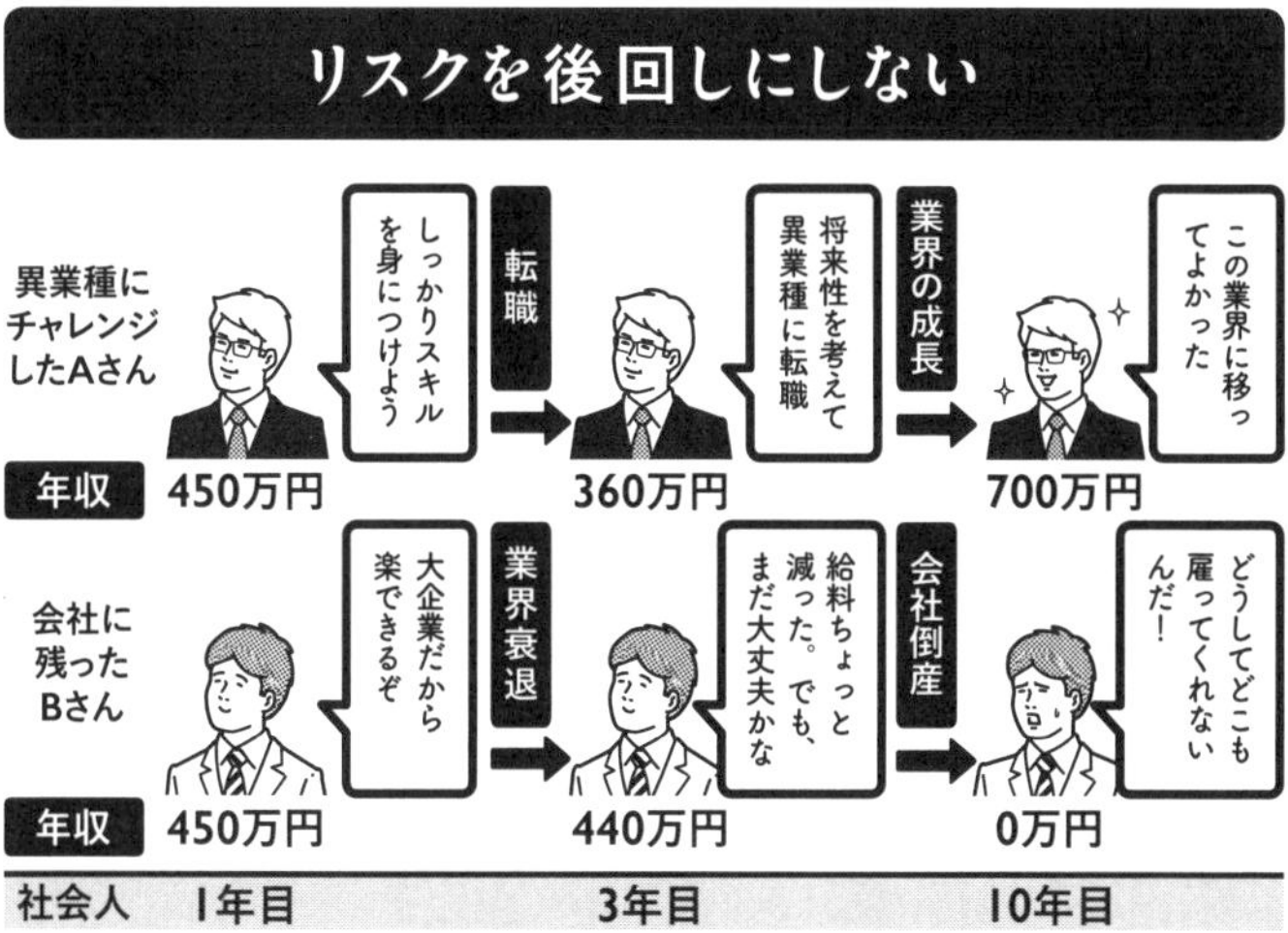

もらえる給料ばかり追いかけていると、将来のリスクが極大化して路頭に迷うかもしれない。でも、将来のリスクは選択次第で相殺できる可能性があります。それを考えると、20代の今、一時的に給料が下がることは、さほど問題ありません。言い換えると、20代は給与よりも身につくスキルを重視して仕事ができる唯一の期間です。

新卒の初任給が高い会社が、あらゆる年齢層を通じて給与の高い会社ではありません。初任給は低いけれど、どんどん給与が上がっていく会社もあれば、初任給は高いのに、それからほとんど昇給がない会社もあります。

「30代で給与が上がる会社ランキング」の

ような特集記事をみかけますが、現在だけでなく、将来性をどれだけ見通せるかが大事です。

将来性を全く考えないのであれば、あまり頭は使わないけどインセンティブ（販売報奨金）バック率の高い営業会社で、毎日同じ商品を同じように売りまくることを繰り返すという仕事は悪くないです。ただし、それは焼き畑農業と一緒。とにかく体力を使って商品を売るというやり方は年齢を重ねるとしんどくなってきます。しかも1つの商品を10年も20年も売り続けているだけでは、他の商材を売れる応用力は身につきませんし、新人社員の教育担当などの仕事を経験しておかないと、管理職として部下のマネジメントを任されても、対応できません。

▼「楽だから会社に残る」は危険

別の例を紹介しましょう。

売上のほとんどを国内に依存している大手メーカーに勤務する28歳のAさん。会社の業績は下がる一方です。でも、18時には退社できて、年収は550万円。今のところは、仕事は楽だし、十分に生活できている。「このままじゃあ、うちの会社、ジリ貧だ。20年後には倒産していそうだ」とは思っています。だから転職しなきゃいけないはず。そこまではわかっていても、なかなか動けないまま、入社してからなんとなく6年が過ぎました。

Aさんがいる環境は、ただのぬるま湯です。楽をしている分、大した力もついていない。これは完全にリスクです。転職市場で受け入れられるだけの力がなければ、会社の沈没とともに、Aさんも沈む。将来の失業リスクを先送りしているだけの話です。

もしAさんが思い切って、28歳の時点で年収を450万円に下げてでも、ちゃんとスキルを身につけられる、成長が期待できる業種に転職をしたら、未来は変えられるでしょう。このままで30歳を過ぎたら、転職市場では完全にアウトです。ぬるま湯に10年間も浸かっていた30代のヌルい人材を採用したいという会社があるはずがありません。

しかし、これから先、市場が間違いなく縮小していく業界であっても、大手企業に勤めている人にはAさんのような人は少なくありません。優秀な人ほど、業界が先細っていくと見抜くのが早く、その分、会社を早く抜けていきます。気がつけば、会社に残っているのは、リスクから目を背け続け、苦労から逃げ続けた腑抜け社員だけ。地獄行きです。

そんな選択をするくらいなら、異業種で将来性のある、自分が勝てそうな仕事に、給料を下げてでも移るべきです。

未経験者ＯＫって実際どうなの？

背景にある意図を探ろう

「未経験者ＯＫ」を掲げている場合、大きく4つのパターンに分けられます。

1つ目は求人広告掲載を請け負った人材会社の都合。

2つ目は不人気企業の求人です。

この2つはイマイチな求人です。私が見るところ、これらが全体の80％くらいを占めます。

次に、まっとうな会社の優良な求人だが、実は間口が狭く難易度が高いケース。これが15％くらいでしょうか。最後に、未経験者のほうが経験者よりも高い成果を出せそうだから、あえて未経験者を優先的に採用するケース。これは5％程度と数は少ないですが、非常に狙い目です。

▼人材会社の都合でたくさん応募者を集めたいケース

まず、求人広告掲載を請け負った人材会社の都合というケースから説明しましょう。

求人広告の営業マンのAさんが、ある会社の募集を受注しました。でも、その業種はあまり人気がない。クライアントからは、「3年以上の業界経験者を10人採用したい」と言われましたが、Aさんはその条件で応募が来る自信がない。そこで「いや、間口は広く取りましょう。たくさん人が集まればその中でイケている人も見つかるはずです」と、「未経験者OK」という文言を入れ込みました。

その結果、100人の応募はありましたが、面接してみると、採用されたのは経験者の1人だけ。未経験者で応募した99人は全員が落ちました。「経験者のみ」の募集を出していたら、広告に1人しか集まらず、企業はカンカンになって怒るところでした。また、100人の応募があれば、「う~ん。やっぱり経験者の方は少ないですね。僕も頑張って御社の魅力を引き出して100人の人を集めることはできましたが」と、営業マンは言い訳をしやすくはありませんか?

これは極端なお話ですが、そんなふうに、**本当は未経験者には務まらないだろうと思っ**

ていても、「OKにしておきましょうか」と調整してみるということはよくあります。だから、「未経験者OK」の文言を文面通りに楽観的に受け取ることは控えたほうが良いと思います。

▼離職者が多いので大量に採用したいケース

では次に、不人気企業の場合。「とりあえず100人取って、根性あるヤツが20人だけ残ればいいや」みたいなノリです。どんどん離職者が出るから、どんどん新しい人を入れます。

「この求人、どうなんだろう」と思ったら、とりあえず、応募して書類審査や面接が通るか試してみると良いでしょう。

面接で転職理由や、前職の経験などを深く質問されることもなく、「おめでとうございます！　内定です！　あなたはすばらしい人ですから是非当社へ！」と簡単にオファーがきたら、かなり雑な採用ですから、不人気企業のブラック求人である可能性も考えたほうが良いです。

もしもその会社に行けるなら行きたいと考えるのであれば、面接や内定をもらったあとに、ブラック企業かどうかをきちんと見極める必要があります（130ページ参照）。

業界内でとても悪名が高い企業で、経験者が採用できないから未経験者OKとしている場合も、危険です。ですので、同じ業界に働いている人にアドバイスを求めましょう。**同じ業界にいれば「あの会社で働いたら地獄だよね」とか、「あの会社、将来性全くないよね」ということをみんなが知っています。**

▼憧れの会社に入れるがその分リスクもあるケース

次は、まっとうな会社の、優良な求人だが実は難易度が高いケースです。

これは、経験は問わないけど他の要素について非常にハードルが高い場合です。考える力、やりきるガッツ、学歴や、英語力など、経験以外のポテンシャルの部分がほかの求人以上にシビアに見られます。

そういう求人は、総合商社や不動産デベロッパー、有名コンサルティング会社などの人気企業でも、時折見られます。「業界経験者ですら選考に通らないぐらい人物面のポテンシャルに関するハードルが高い求人なんだ」と覚悟しておくべきです。超優秀な変わり種の人を採用することが目的の求人です。

「未経験者OK」にはいろんな理由がある

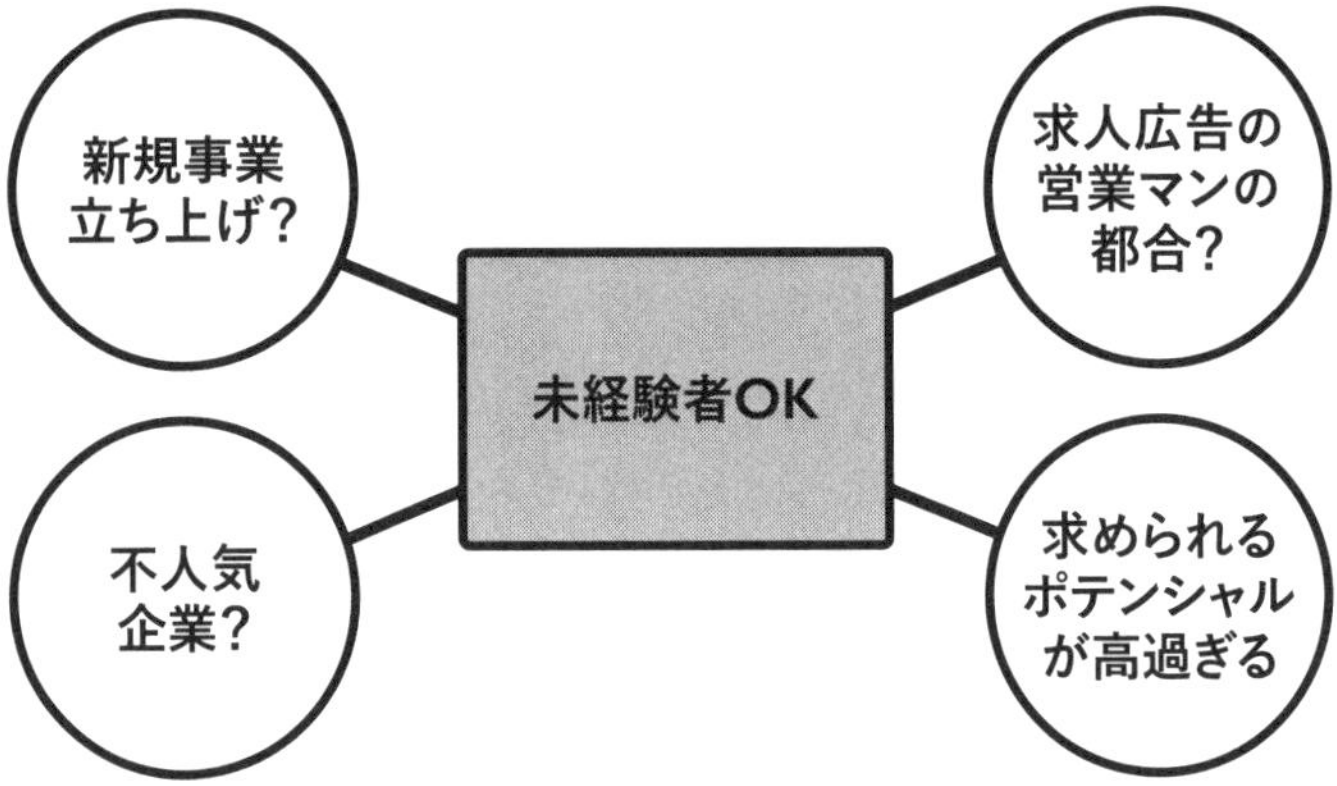

あるいは、業績が急に伸びてとにかく人手が足りないケースもあります。この場合、通常よりも採用基準のハードルは落ちていますから、憧れの人気企業に入社するチャンスです。

しかし、入社後は業務過多でとにかく忙しく、不安定な状態で働くことになる可能性があります。

また、業績が悪化した際には、相対的に自分の能力は他の社員と比べて劣りますから、真っ先にリストラの候補になるリスクも考えておきましょう。

そうならないためにも、入社後は、他の社員に負けない実力を身につける努力をすることが大切です。

▼経営陣から特別に期待されているケース

最後に、あえて、未経験者のほうがほしいというケースです。

経営陣が新規事業への進出などの理由で他業種の社員を採用しようとしている場合などです。社内の既存社員に対しては望めない期待をされているわけですから、「既存社員以上に期待できる未経験者だ！　当社の今後を担う次世代として大切に育てよう！」という経営陣からの期待が込められた求人です。なので、非常にオススメです。

代表的なものを紹介してきましたが、未経験者OKの求人には様々なパターンがあります。基本的には、どんな業種でも経験者のほうが高い利益を上げられますから、企業は経験者を採用したいもの。にも関わらず、「未経験者OK！」と記載してある中途採用の求人は何か理由があるはずですので、「採用の背景は何で、未経験者OKの理由はなぜなのか？」を考える癖をつけましょう。

OB・OG訪問はすべき？

しまくったほうが良いです

OB・OGに限らず、その業界で働いている同期や後輩も含めて、いろいろと話を聞いておきましょう。**転職しようと思ってから始めても構いませんが、普段からやっておいたほうがベターです。**日頃から、自分が興味のある異業界、異業種の人と接して仕事内容や、業界の動向を知っておくと、それが最善の面接対策として選考時に活きます。

というわけで、普段からほかの業界の人、同業の人でも、とにかく社外の人と情報交換する機会を作っておくというのが大事です。ちゃんとアンテナを立てておきましょう。

社会人のOB・OG訪問は、学生時代の就活のOB・OG訪問のように、おカタいものではありません。もっと楽しめるものです。自分の今いる業界だけでなくて、異業種、異業界の人ともつながるには、「誘われた集まりには参加する」という単純な方法が一番で

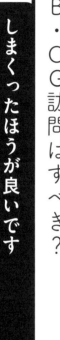

す。そういう場に出かけていって、「仕事楽しいですか？」というふうに、いろいろと聞いてみましょう。

▼どんな方法でも構わないから外の人と接点を持とう

常に同じメンツ、同じ会社、同じ年齢層の人で集まっているような飲み会は、楽しいですが、「キャリアを考える」という点において、メリットは少ないです。**「新しい人が現れる飲み会」にこそ、積極的に参加しましょう。**

たとえば、久々に会った大学時代の同期に「合同で飲み会やる？」みたいに自分から提案してみるのも良いでしょう。「じゃ、会社で一番仲が良い同期3人連れてきてよ。俺も連れてくるから」というふうになれば、輪はどんどん広がっていきます。あとは、近くの会社で働いている知り合いと一緒にランチを食べてみるとか、朝活に参加してみるというのも良いと思いますよ。

転職活動において情報は命です。普段からいろいろな情報を仕入れるための仕組みをつくって、備えておきましょう。

募集要項の条件を満たしてません

あまり気にせず応募してみよう

求人広告や、人材紹介会社で手に入る求人票の募集要項にはいろいろな条件が書かれています。「営業経験何年」「プログラミング経験」「エクセルで何々ができる」「海外実務経験何年」など、スキルに関するものも、その中に含まれます。

求人票に書かれている条件の50%は本当で、残りは嘘ぐらいに思っておいたほうが良いでしょう。実際に企業がどれほどのスキルを求めているのかというのは、実は面接でないと正確にはわかりません。

たとえば、海外営業経験5年と書かれていたとしましょう。経験は10年あっても営業力が低い人は採用されませんし、2年しか経験がなくても確かな英語力があり、しかも営業スキルが高く、直属の上司にあたるポジションの面接官と相性が抜群で、「君だったら、実務経験が足りない分は私が責任を持って育てるから是非一緒に仕事がしたい」と口説かれて採用されるケースもあります。

そんなふうに、特に「○○年以上の××経験者」という表現は、目安でしかありません。ある意味で人事の手抜きであるケースもあります。人気企業の場合は、条件をゆるくし過ぎて募集を出すと、収拾のつかない人数の応募がドカンとやってくることがあります。自分が採用担当だったらと想像してみてください。3人採用するのに、200人も応募がきたら、正直、書類選考もするのもめんどくさいじゃないですか。

「『3年の経験』にしたら200人ぐらい来るかな。『10年の経験』にしたら20人ぐらいの応募かなあ。課長、どうします?」「まあ、100人ぐらいは面接するか」「じゃあ、『5年の経験必須』にして募集要項出しときますね」。そのぐらいの雰囲気で決まっていることも少なくありません。

▼行動しながら考えるのが大事

だから、厳密に条件を満たしていないからといって、臆す必要はありません。むしろ、挑戦したい会社であるならば、応募を出したほうが良い。採用担当者の目にとまって、「会っ

経験年数や資格はあくまで目安

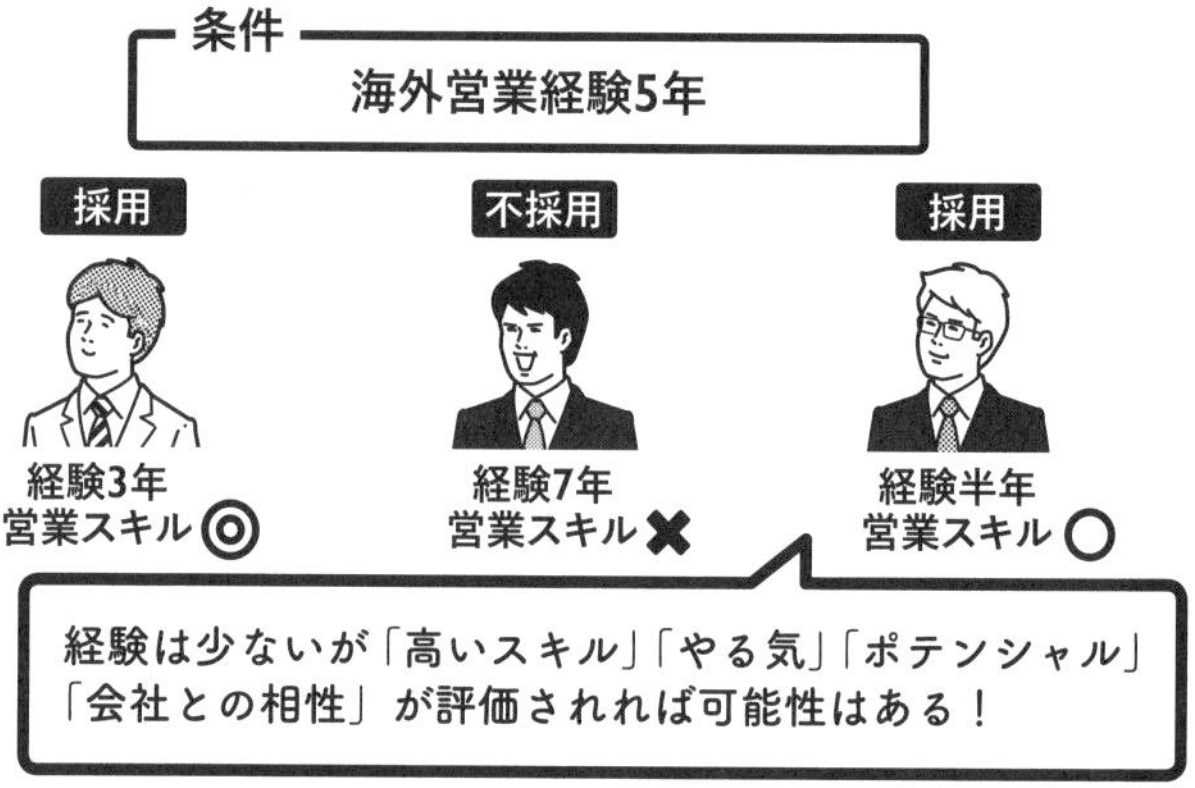

てみよう」となることはありえます。

ただ、選考の段階が進んでいくと、実際に経験年数でふるいにかけられることもあります。「5年」と条件に書いてあって、最終面接で10人から3人を選ぶ際、経験5年以上の人が3人いた、となれば、やっぱりその3人が選ばれやすくはあります。

その場合でも、応募して面接を受けてみなければ、結果がどうなるかはわからないですし、その部署ではダメだったけど、同じ会社の別の部署で採用されるなんてこともあります。「即戦力での海外営業はちょっとキツいけど、国内営業のポジションだったら、君、人物はいいから、かなりイケるんじゃないかな？　隣の部署の部長につないでいい？」という打診が面接官や、人事からもらえるようなことはよくあります。**転職活動では、「求人に応募してみる」ことが一番大事です。**書類選考の応募を出しても、最終的に内定の出る確率の平均値は6％程度。1社内定を取るなら、約20社の応募が必要ということですから、**通ればラッキーで、基本的には落ちます。だから、書類選考なんかで落とされてもへこむ必要は全くありません。**

興味があったら、とりあえず応募してみる。書類が通ったら面接に行ってみる。面接での受け答えの中で、本当に興味がある仕事なのか確認をしていく。複数社受けていく中から、自分が本当にやりたい仕事は何なのか比較検討していく。「動きながら考える」精神です。よく、「転職活動をするかどうか？」で悩んでいる人がいますが、全くナンセンスです。内定を取らなければ、そもそも転職するという選択肢自体がありませんから、求人に応募すらしていない状態で、転職するかどうか、考え込んでいるのは時間の無駄！　まずは、行動してみましょう！　たくさんの気づきとヒントが得られるはずです。

社風が合う職場はどう探す？

よく接する人にヒントがあります

もともと、学生時代に仲が良かった先輩や同期が入社した会社は、自分ともだいたい合います。社風が合うというのは、結局のところ、居心地が良いということです。「気持ち良く働ける職場か」というのは、やりがいや働きやすさに直結します。

若い人だと「憧れ」で職場を選んでしまうこともありますが、これは長続きしません。たとえば、仕事はバリバリできて、発言も全部がかっこいい超人みたいな社長に講演会で出会ったとします。憧れて入社してから気づくんです。30分間話すだけなら「超かっこいい」社長だったが、毎日一緒にいたら、あまりにも豪腕で暴君としか思えないことが。

そうならないために、どんな職場を選ぶべきか。それはズバリ、親近感です。何日でも一緒に飲みに行きたいと思えたり、もっとしゃべりたいと思えるような人たちが集まって

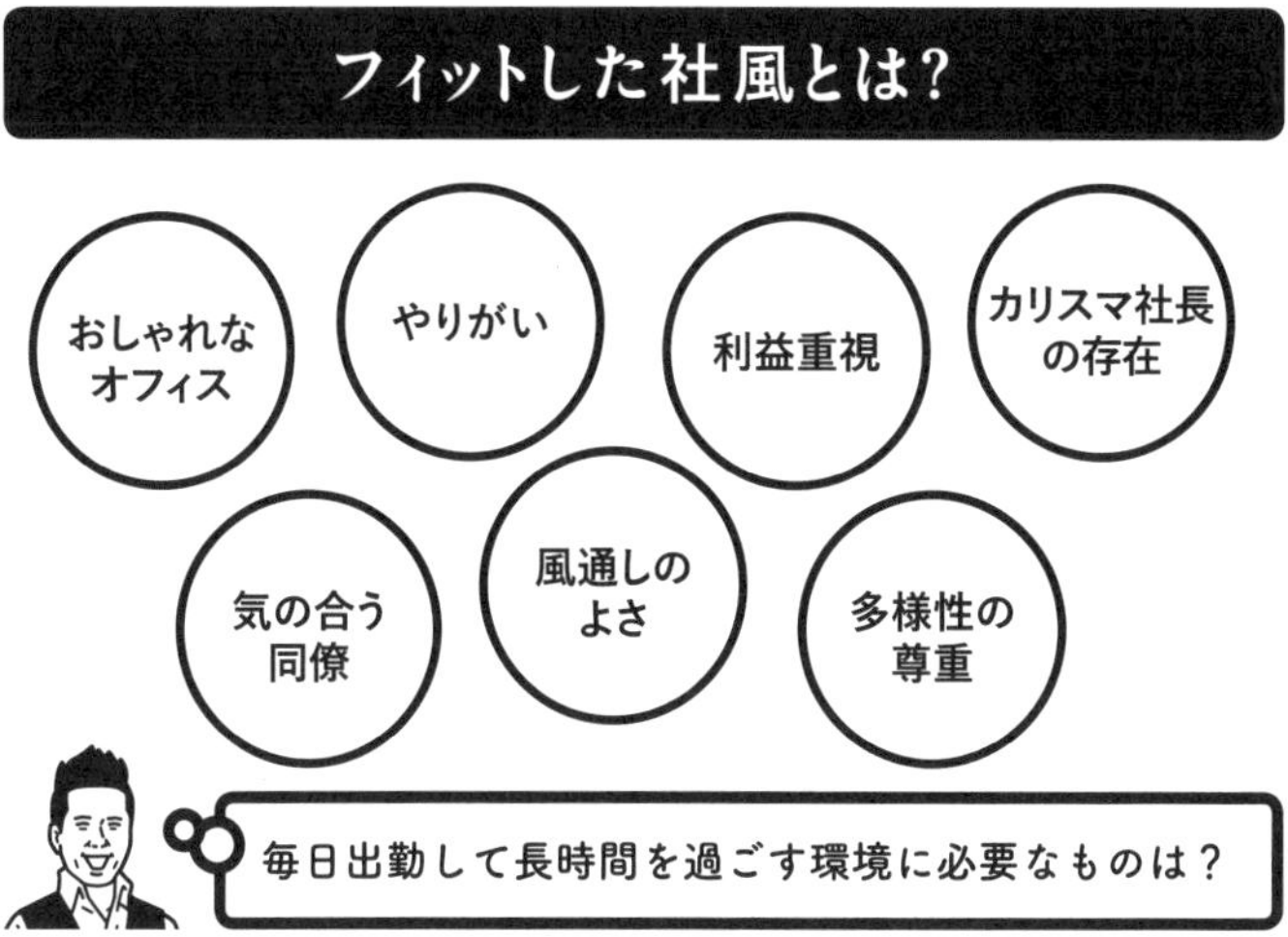

いる職場です。

自分に合う社風をイマイチ明確に思い描けないという人でも、実は答えをもう持っています。携帯の電話帳やよくやり取りする人を思い返してみましょう。その人たちがいる会社を回ってみたら、「ここだ！」という会社が見つかるはず。

逆に憧れている業界に友人が1人もいなかった場合、その業界はやめておきましょう。今までの人生で全く接点のなかった、全然違うジャンルの人たちが集まっている場所に、急に乗り込んでみて馴染むことができるでしょうか？

ちょっとハッピーに働ける絵は想像しにくいのではないでしょうか？

第4章

面接と職務経歴書の落とし穴

職務経歴書を書く際の注意点は？

5W1Hと定量的な表現を使おう

職務経歴書は営業用資料。作文と間違えたらいけません。

「現職と御社との共通点として、今まで私はこんなことをやってきました。なおかつ御社に入ったときは新たにこんなことにも挑戦したいです」「御社の社員の方にはおそらくないこの部分が強みなので、こういう顧客開拓ができます」「こういう製品を開発できます」という売り込みを、できるだけコンパクトにまとめましょう。

▼第3者がイメージできるように書くのがコツ

そのためには、いくつかのコツがあります。

まず1つ目ですが、「主語、述語、目的語」と「5W1H」を明確に書く。「顧客開拓を

職務経歴書に盛り込むべき内容

- **現職で出した数字の結果**（売上、品質、納期、社内の順位など）
- **転職先でも活かせる経験の強み**
- **転職先の社員にない自分の強み**
- **仕事の進め方の丁寧さや顧客満足度**

「5W1H」を明確にして、映像でイメージできるような臨場感を持たせよう！

すごく頑張りました」では具体的に何をして来たのか、読み手側には全くわかりません。「いつ（when）、どこで（where）、誰が（誰に）（who）、何を（what）、なぜ（why）、どのように（How）成果を上げた」という5W1Hが揃っていることが必要です。

職務経歴書やエントリーシートは、読んだ採用担当者が、あなたが職場で仕事をしている場面を映画のワンシーンのように映像でイメージできることを目指して書いてください。また、業界用語や自分の会社でしか使わない言葉も避けましょう。

自分が書いた文章が映像を想起できるものであるか、ちゃんと意味がわかるものになっているかは、**社外の友人や、家族に見てもら**

うのが1番です。

2つ目は、定性的な表現ではなく、定量的な表現を使って書くことです。会社での目標は数字で降ってきますし、評価は数字でなされますよね？　面接も同様です。ですから職務経歴書のアピールも数字で行いましょう。期間、金額、件数、規模感、順位など、を明確に。よくあるのが、「ＭＶＰ受賞」「新人賞受賞」などの社内表彰の実績を記載するパターンですが、社外の読み手には、どの程度すごいことなのか皆目検討はつきません。3カ月に1名の成績優秀者が受賞する賞（期間が明確）と注釈をつけ、全営業部社員300名中30位や、同期50名中3位（規模感、人数、競争相手の属性）などと書いておけば、読み手にも伝わります。

また、売上で顕著な実績がない場合は、「クレーム率2％（同部門の同僚の平均値10％）」など、丁寧な仕事の進め方や顧客満足度の高さをアピールする方法もあります。

▼採用基準と親和性の高い強みを売り込もう

そして最後に売り込み方です。

「御社の社員と私とではやってきたことが似ていて、能力も同じぐらいです」というアピールでは、採用されるのは難しい。やっぱり、その会社で経験を重ねている分、もともといる社員のほうが有利な立場にいます。

共通する部分があって、足りない部分はきちんとキャッチアップできる。そのうえで「私の前職の経験は、御社の社員とはこういう違いがあって、この部分が私独自の売りです」というものがあれば最高です（なければしかたがないので無理はしなくてもOKです）。

「何を売り込むか？」の選定が企業側の採用基準に合致しているかの親和性が大切です。

たとえば、システムエンジニア（SE）の求人に応募している人が、営業で鍛えた根性をアピールしても効果は期待できないでしょう。SEの仕事ではむしろ根気強さを求められるからです。「なんか、この人、じっと机に座っていられなさそうだな」と思われたら、当然アウトですよね。アピールしているポイントが、求人に対して的を外れています。

むしろ、「いかにミスを少なく丁寧にタスク管理と納期管理を行っていたか？」や、「業務範囲外だったとしても家でこつこつ資格の勉強をしていた」「プログラミングを練習していた」という、SEの仕事にかかわる要素のある強みをアピールすべき。**応募先の会社が募集しているポジションと紐づけて自分の強みの部分を書くことが大切です。**

職務経歴書は1種類で大丈夫？

企業によって使い分けよう

職務経歴書や面接で、転職先と現職の共通点をアピールする方法を解説します。

総務部で働くAさん。現職では部署間の調整や、イベントの運営、パソコンの管理など、雑多な仕事を引き受けています。やってきたことをそのまま職務経歴書に書いてみましたが、自分の強みや、やりたいことがわからなくなりました。

キャリアコンサルタントに相談してみると、「今までやったなかで、どの仕事が好きでしたか」と質問されました。オフィス家具を注文して、快適な空間を作ったことがAさんにとって一番の思い出です。業者との価格交渉もやったし、来客者の好感度もアップしました。そもそも、家具が好き。キャリアコンサルタントは「じゃあ、その仕事について詳しく、多めに書いてみましょう」とアドバイス。結果、業界未経験ですが、ハウスメーカー

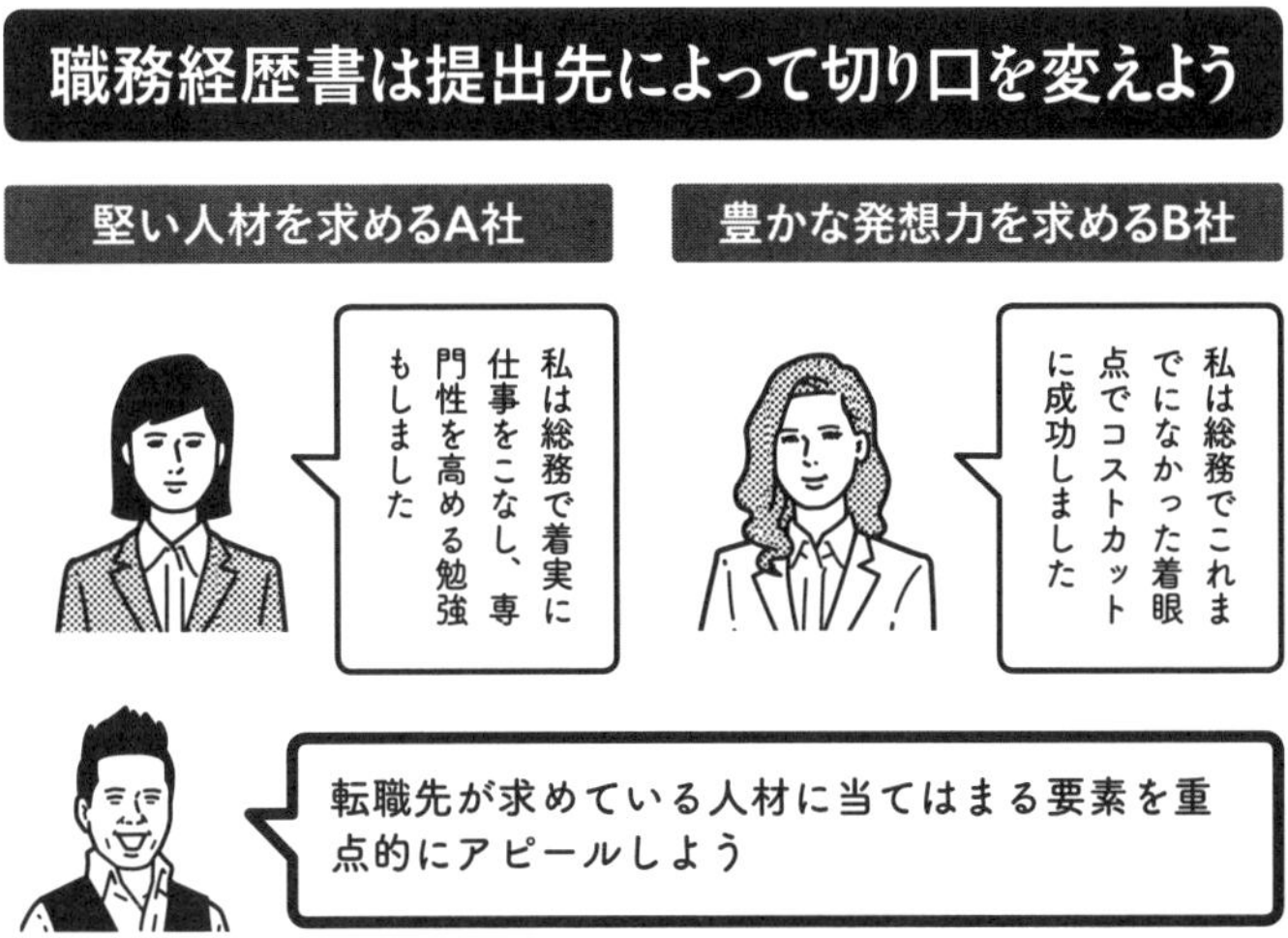
職務経歴書は提出先によって切り口を変えよう
堅い人材を求めるA社
豊かな発想力を求めるB社
私は総務で着実に仕事をこなし、専門性を高める勉強もしました
私は総務でこれまでになかった着眼点でコストカットに成功しました
転職先が求めている人材に当てはまる要素を重点的にアピールしよう

に営業職として転職が決まり、「やりたい仕事」につけました。

Aさんは、自分のウリになる部分を見つけて、そこから逆算して応募先を決めました。もし、転職先で経理の仕事をしたいならば、伝票の整理など、経理に関連する面を強調して書くと良いでしょう。相手企業にも「志望理由」と「転職後に活躍できそう」だということが伝わります。

自分にこれといった専門性がないと思っている場合は、コンサルタントに相談したうえで、〝自分のウリの棚卸し〟をしてもらいましょう。あなたの強みや、良い所を見つけてくれるはずです。応募する企業や職種によって職務経歴書を使い分けるのもアリですね。

やる気をどうアピールすべき?

面接でアピールしましょう!

やる気をアピールする絶好の機会は面接ですね。面接を頑張りましょう。しっかりした職務経歴書が書けても、面接で失敗すれば、水の泡です。ポイントは3点あります。

▼嘘は絶対にばれる

1つ目は、正直なスタンスです。

やる気がない人が「やる気あります」と言っても通用しません。**本当にやる気のある人は、目に力がありますから、採用担当者はすぐ見抜きます。**1万人も求職者を見ていればわかります。私も、一目で、過去の仕事ぶりや、これからどのくらい仕事を頑張る勤労意欲があるのか、おおよそわかります。

もし面接担当者をだませたとしても、最終面接で出てくる会社役員や、人事責任者クラスの人であれば、顔つきを見て5秒ぐらいで、その人がどんな人なのか、どのぐらい努力をしてきたのかは見抜きます。実績に嘘を書いても9割ばれます。たとえその人が優秀でも、信用できない人を採用したがる面接官はほぼ皆無ですから、嘘をつくと結果的に損をしてしまいます。

▼体調を万全にして面接に臨もう

2つ目は、面接当日のコンディションです。

面接では、その瞬間の元気さも重要です。いくら今までしっかり仕事の努力をしてきた人であっても、面接のときのコンディションが悪ければ、落とされる危険は十分あります。今までそれほど頑張った経験や顕著な実績のない人でも、これから頑張ることをアピールしたいなら、当日のコンディションを整えることはなおさら重要です。だから、面接に向けてちゃんとコンディションを整えるようにしましょう。

「すごく働きたい！」というオーラを出せるかどうかも大事です。たとえば、現在ブラック企業に勤めており、激務でへろへろの状態で転職活動をしても、良い会社の内定はもら

やる気のアピールは面接でしょう

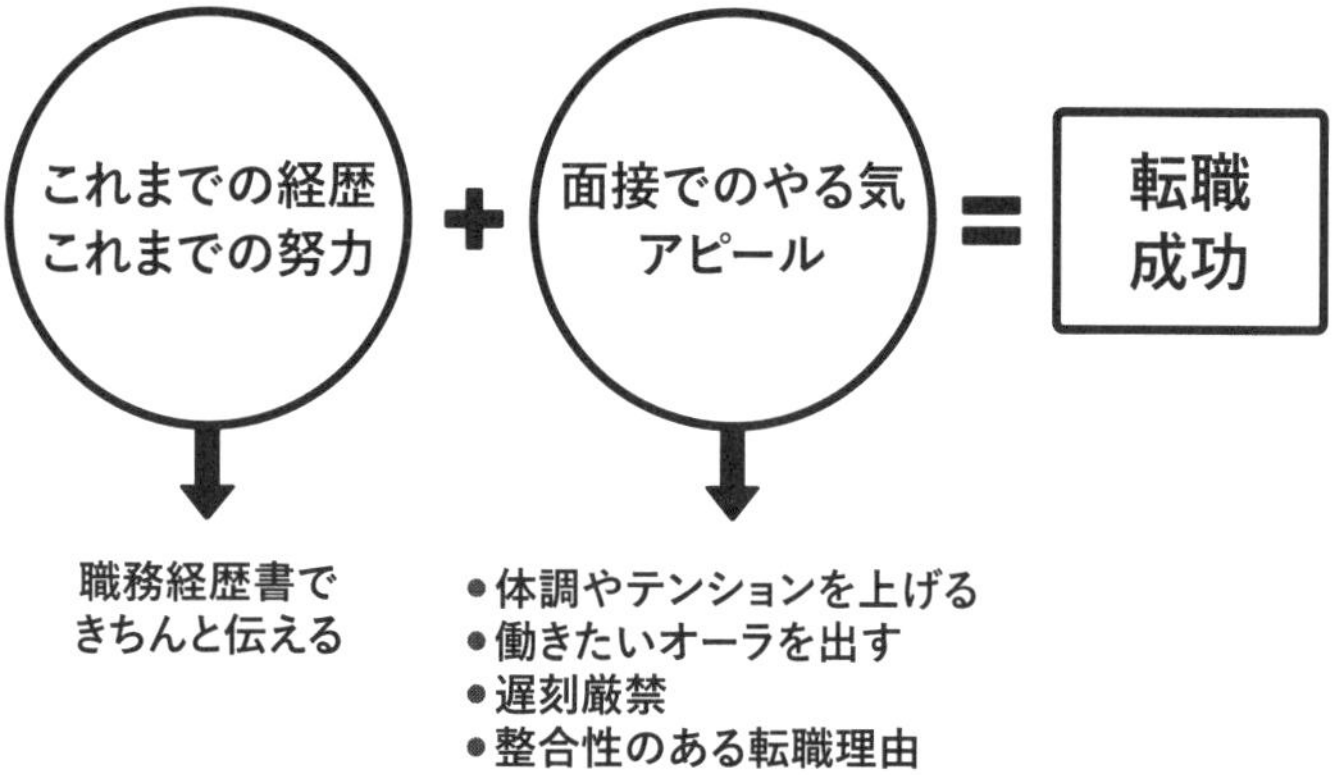

いにくい。「逃げ出したいオーラ」がどうしても出てしまうからです。

「働きたいオーラ」を出せなさそうだというなら、いっそ現職を辞めてしまうのもアリです。1カ月ぐらい、海外に行ってリフレッシュしちゃいましょう。ただ、退職後の転職活動には、それなりにリスクもありますから注意してください（193ページ参照）。**どうしても辞められない場合は、できるだけ仕事の量を減らして、転職活動に力を割くようにしましょう。**有給休暇を使って、数日間旅行などに行っているフリをして、まとめて面接を受けてしまうのも手ですね。

▼話す内容に整合性がとれているようにしよう

3つ目は、転職理由と志望理由の整合性です。

転職の理由を聞かれて「子どもの頃からの夢でした」って言う人がときどきいます。でも「じゃあ、何で今までやってなかったの？」という冷静なツッコミをもらって終了です。少なくとも、新卒でその会社にチャレンジしなかった理由は必要ですよね。

同じ業界で移るなら「どうして新卒ではうちに来なかったの？」という質問は当然されます。ほとんどの場合はちゃんと調べてないからというケースが多いです。それは正直に認めても問題ありません。「新卒のときはネームバリューで今の会社を選んじゃったんですけど、社会人を3年やってみて、会社の知名度より、お客さんに満足していただけるかが重要だと価値観が変わりました」みたいに、社会人になってからどう価値観が変わって、その会社のどんなところが良いと思うようになったのかを説明しましょう。

面接で大事なのは「頑張ります！」の連呼ではなく、整合性です。**整合性のある受け答えができれば、やる気も伝わります。** 転職するということは、今の仕事で頑張った経験もあるけど、もう頑張りたくなくなった理由があるわけですよね。「だけどそれは御社で採用

やる気は目に力があるかどうかで伝わる

してもらえれば、解決します。そうなれば超頑張れます」というロジックの整合性です。で、これはシンプルで、わかりやすいほうが良いです。仕事に全く不満のない人はそもそも転職活動なんてしないことを面接官もわかっています。ネガティブなことを一切言ってはいけないなどと身構える必要はありません。

44ページで仕事の満足度を決める要素は4つあるという話をしましたが、面接で話す現職の不満、転職理由はこのうちの1つか2つに絞りましょう。あまり挙げ過ぎると「不満を言い過ぎだな。採用したら、めんどくさいタイプの社員になりそう」なんて思われかねません。

面接官はどこを見ている？

スキルと適性と志向です

会社が社員を採用するのは利益を出すためです。

採用したら利益を出すか、どのぐらいの期間それが続くか。だから面接官はあなたの話を聞きながら「年あたりでの利益」×「定着年数」というかけ算をしていると思ってください。

その計算のもとになるのが「スキル」「適性」「志向」です。

「スキル」は、経験した仕事内容が新しい会社でも使えるのか、あるいは経験をもとに、新規のことができるのかどうか。「適性」は、職務遂行に必要な適性があるのか、その適性に関する適切な自己認識があるか。この2つは、「向いているか？」とも関連しており、「利益」に対して大きくかかわるファクターです。

「100人中70人は不合格になる」の法則

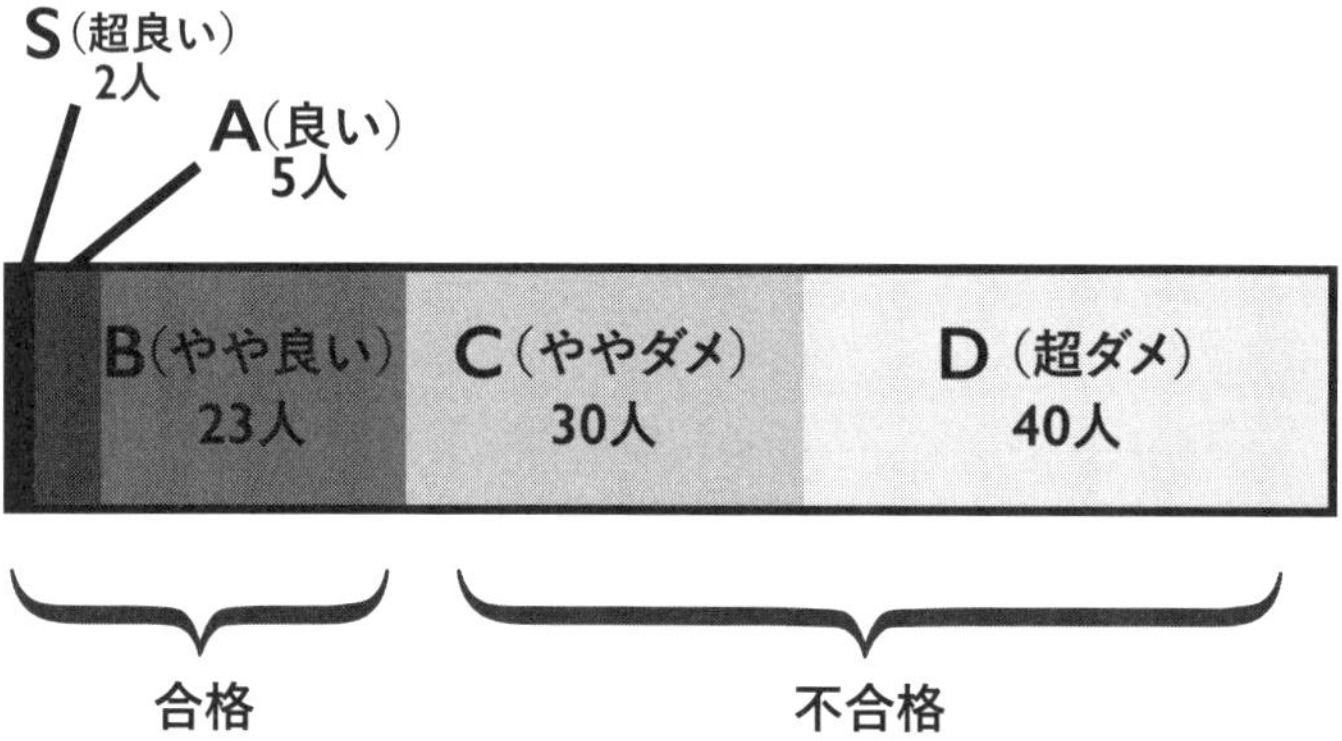

一方で、「志向」というのは、どんな環境を好むか、何をやりがいにおいているのか、ですね。これは「やりたがっているか？」であり「定着性」に大きく影響します。

志向について、採用する側の視点、上司の視点でちょっと説明しておきましょう。要は、「どういうふうに扱えば元気が出るのか」です。やる気の出る環境は何か、怒られるとやる気を出すのか、ほめられるとやる気を出すのか、誰の部下なら伸びるのか、どういう環境なら成長し、定着しやすくなるか、を見極めようとします。

1番怖いのは、スキルと適性が高く、志向がマッチしていないのに内定が出てしまったときですね。向いてはいるので、入社後しばらくは成果を出せるかもしれませんが、やりたくない仕事、心地良くない環境なので、会社に通うのが本当につらいですよ。だから、面接では志向性に関してはわざわざ取り繕う必要はありません。会社なんて、日本には何百万社とありますから、必ず自分に合う会社はあります。

▼面接では最初の5秒で5割の結果が決まる

私自身も面接官の経験があるし、ベンチャーから東証一部上場企業まで採用のコンサルティングや面接官のトレーニングにかかわった経験がありますが、実は面接って、会って5秒で、5割の人は結果が決まっています。しゃべり始める前に面接官が受ける印象で、ダントツ上位と下位はほとんど判別されているんです。だから私が面接に臨む求職者の方にアドバイスをするときは、「入室して座るまでに最高の挨拶をしよう！」ということだけ伝えます。

だいたいの面接は合格3、不合格7ぐらいの割合になっています。

100人いると、そのうちにS評価（素晴らしい！）が2人、A評価（なかなか良い！）が5人、B評価23人（一緒に働いても、まあいいか）。ここまでが合格。C評価（ちょっと迷うけど落とす）が30人。D評価（全くお話にならない）が40人。だいたいこんな分布になります。

そして、S、A、Dの人たちは入室して挨拶をしたぐらいで、すぐに評価されてしまいます。

残りの半数、ぱっと言葉を交わしただけでは区別をつけにくい50人はBかCになりますが、会話をする中で良いところを探して拾いに行く。**つまり、面接というのはBとCの人を選別する作業です。**

入室してからの雰囲気や所作だけで面接官はあなたのことをランクづけしている。最高の挨拶ができれば、第1印象が好印象から始まりますから、「良いところ」を探そうとして面接官は面接の残り時間を使います。合格する可能性が高い。逆に、第1印象が悪いと、「悪いところ」ばかりが目につきやすくなってしまうので、NGになる可能性が極めて高くなってしまいます。

▼第1印象が良い人を面接官は口説こうとする

面接が1時間あったとしたら、ジャッジは長くても最初の30分ぐらいで終わります。じゃあ残りの30分は何かというと、その人に会社に入ってもらうための動機づけの時間です。ほしいと思った人材を口説くとか、入社後の退職を防ぐために「本当にやっていける？」と聞いて、求職者がちゃんと腹を括れているか、仕事内容を正しく理解して志望しているのか、を確認するという時間。

入室した瞬間に「あ、この人、いいね」と思った面接官は数分で話を切り上げて、「何か聞いてみたいことありますか？」と自社の情報提供をして口説き始めることもあります。「面接は何社ぐらい受けてるの？」「ああ、あそこの会社もいいよねえ」なんて話をしながら「この人を口説き落として採用するにはどうしようかな」と思考のスイッチを切り替えて向き合っています。

一方で、ジャッジの結果、落とすことにした人に関してはどうか。将来的には自社のお客さんになる可能性を考慮しますから、好印象で終わらせるために特に厳しい質問はしません。適当に話を聞いて、「そうですね。わかります」と適当な相づちをして、時間を潰すというのが正直なところです。

面接のスケジュールは変更可？

1度決めたものは必ず守ろう！

「面接が入っていたけど、スケジュールを変更してもらわなきゃ」。これ、絶対にNGです。「約束を守れない人」という烙印を押されます。「仕事が忙しくて」というのも理由になりません。面接が大事だということはわかっているはず。だったらその面接に向けてスケジュールをやりくりするのが当然です。**スケジュール管理能力の低い人を採用したい会社はあまりないですから、高確率で不合格になってしまいます。**

本当に行きたい会社だったら、何が何でも休むぐらいはしないといけませんし、そうならないように余裕を持ってスケジュールを組みましょう。これは転職エージェントに会うときもそうです。

最初の面談のときから平気でスケジュールを変更する人は、エージェントの信用を失い

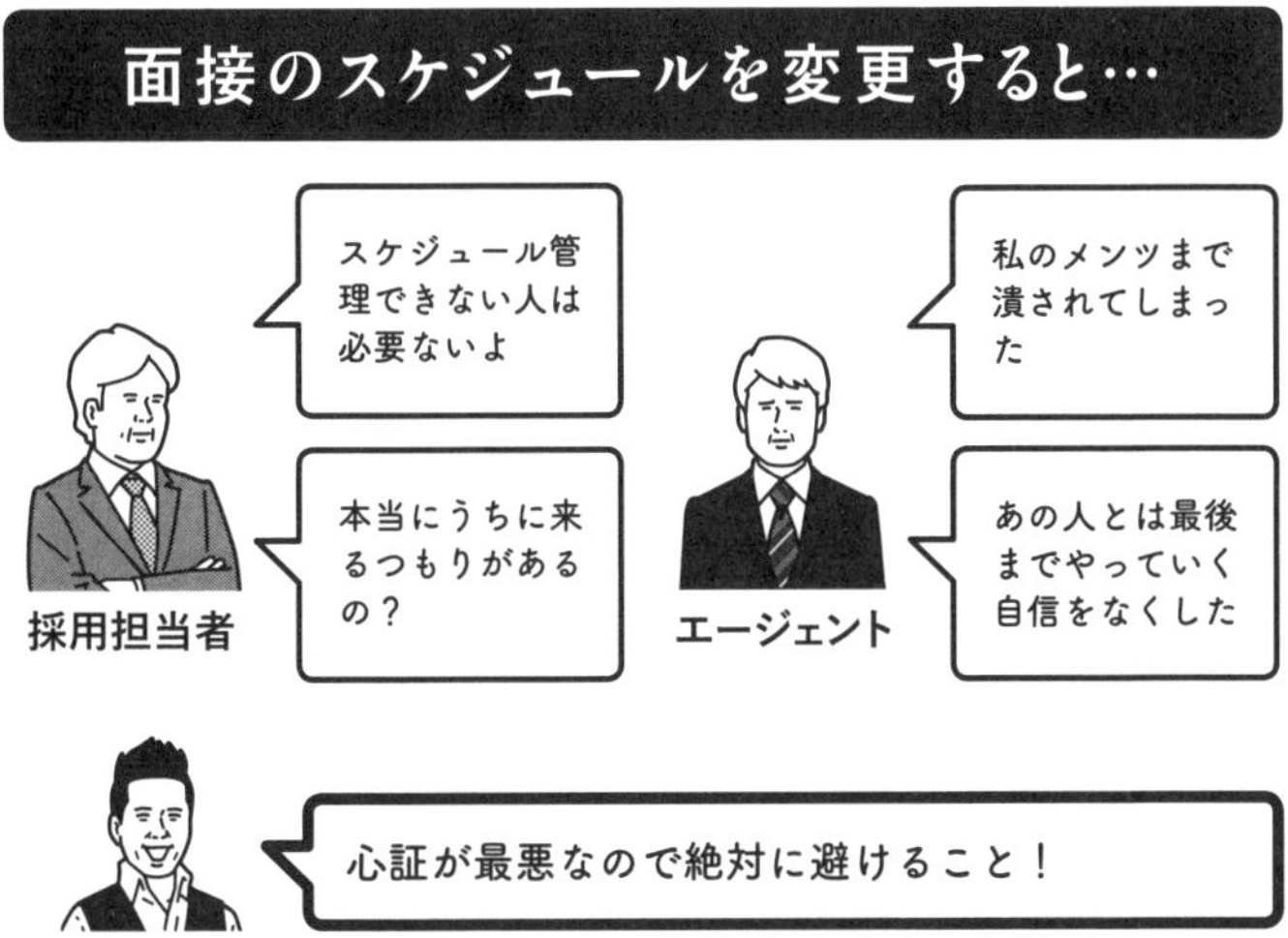
面接のスケジュールを変更すると…
スケジュール管理できない人は必要ないよ
本当にうちに来るつもりがあるの？
採用担当者
私のメンツまで潰されてしまった
あの人とは最後までやっていく自信をなくした
エージェント
心証が最悪なので絶対に避けること！

ます。エージェントはあなたの味方になって、あなたを企業に売り込んでくれますが、企業に対しては優秀な人のみを紹介するという責任もあります。1次面接官の代理人としてあなたの能力や人と接するときのスタンスを測っていますから、過度な甘えや油断は禁物です。

面接の時間に関しては融通が利くことが多いです。平日の10時〜20時が基本的に調整できる時間帯ですが、採用意欲の高い会社の場合は、土日に面接を行ったり、平日の朝8時半や9時からの面接を行ったりしてくれます。とにかく決まった面接の時間はずらさないように。

給与交渉をしても大丈夫？

あまり勧められません

内定時の給与条件提示後に、上積み交渉をするのはなかなか難しい交渉なので、20代の方には基本的にオススメしません。内定したときに提示された金額で、行くか行かないかを判断しましょう。

▼希望年収だけは考えておこう

ただし、内定が出る直前の最終面接や、最終面接直後あたりで「いくらほしい？」と聞かれることはあります。その場合、即答できるように、希望年収はあらかじめ考えておくのがあなたにできることです。「この会社の仕事なら年収が下がっても行きたい」「こっちの会社だったら今より上がらないなら行かない」など、会社によってあなたの希望年収も

給与交渉はどうする?

基本的な考え方

- 20代での交渉は避けたほうが無難
- 最低ラインと希望ラインを決めておく
- 給与交渉はプロに任せる

交渉する際の注意点

- 主張の根拠は明確にすること
- 「交渉の場数」「相場の知識」も必要
- 求職者本人が交渉しようとするとトラブルの原因になる
- 入社後に昇給を目指したほうが楽なケースも多い

ケース・バイ・ケースだと思います。突然聞かれるケースも少なくないので、事前によく考えておいてください。

もらわな過ぎはつらいですが、もらい過ぎは、もっとつらいです。

営業の平社員だった人が、転職先で営業リーダークラスの給与を要求して、先方がその条件を飲んだとします。そうすると会社としては、転職後半年もすれば部下を持ってバリバリ働くことを求めます。新しい環境で、それはなかなか厳しいでしょう。入社前に大見えを切っていたので、失敗できません。下手をすれば、プレッシャーに潰されてちゃんと成績を残せずに、降格という恐れもあります。

だったら、職級にて1段階、年収にして50万円ぐらい落としてでも、まずはプレーヤーとしてのびのびやれる環境に身をおいたほうが良いでしょう。**慣れてきたら昇進を目指し、それによって給与を上げたほうがリスクがありません。**

▼エージェントを通すと給与交渉がしやすい

腕の良いエージェントを使っていると入社前に給与交渉ができるケースはけっこうあります。エージェントは入社者の給与に応じて成功報酬が入るので、あなたが「もう少しほしい。いくらもらえるなら入社する」と言えば、利害関係は一致しますから、基本的には協力してくれます。ただ「もっとお金がほしい」と伝えるだけではなかなか成立しません。

「何でその金額を要求するのか」という根拠なしでは、相手の心象を悪くするだけなので、たとえば「前職の給与や、他の内定先の会社が提示した給与からするとこの方の市場価値はこのぐらいです。だから、このぐらいはやっぱりもらわないと厳しいです」という具体的な根拠が必要になります。ですので、エージェントとしっかり作戦会議をしてください。誰に、何を、どのタイミングで持ち出せば応じてもらえるかという交渉の勘所は、5年、10年と経験を積んだエージェントクラスで、ようやくできるようになってきます。

たとえば、自主応募で話を進めている会社で内定が取れて、年収500万円という条件が出たとしましょう。あなたにはそれ以下の提示金額の企業に行く気がないとします。その情報をエージェントと共有すれば「じゃあ、こちらで進めている応募中の企業でそれ以上の給与が出る可能性があるのはこの2社に絞られますから、2社のみ進めますか？」などと、ちゃんと仕切りなおして動いてくれます。

私がエージェント業で求職者の方を担当するときは、やっぱり良いお給料をお客様にプレゼントしたいですし、お客様の家族も含めた生活を守るためであれば頑張れます。

それから、もう1つだけ注意を。エージェントの中には「あなた、まだまだいけますよ！もっと強気で交渉しなきゃ」と言って、ガンガン吹っかけてくるような人も稀にいます。なぜなら、彼らが受け取る仲介手数料が上がるからです。交渉が成功したとしても、本人の能力以上にお金を積ませたときには、入社後、本人が地獄を見ます。**「とにかく年収アップを！」とばかり考えていると、足をすくわれるいろいろな罠がありますから、気をつけてください。**

何社も同時に受けるのが大変です

一気にやりきってください

本気で転職したいけど、何社も同時に受けると大変そうだから、1社ずつ受けよう。そのように考える人がいるかもしれませんが、私はオススメしません。むしろ何社か並行して動くべきです。**転職活動はだらだらやるべきではありません。**現職にも影響が出ますからね。

▼第1希望の会社を少し早めに進めるのがコツ

目安は、現職の仕事を続けながらの人なら、面接が進んでいる会社が5社くらい。離職中であれば、10社くらい進めても良いと思います。複数社内定が獲得できればそれだけ選択肢が多く、比較検討ができるので、より良い転職ができる可能性が高い。

そこで非常に大事になってくるのがスケジュール調整です。「A社から内定をもらえたけど、B社もとても気になる。面接は2週間後。それまでA社を待たせるのは気まずいし、どうしよう」。こういう状況って最悪です。二兎を追うものは一兎をも得ずになりそうです。

そんな状況にならないためには、できるだけ並列で、5社受けるなら5つ同時に動かすつもりで進めなければいけません。1次面接はこの週に5社、2次面接はその翌週に5社、という具合に、どこか1社だけが進み過ぎないように、うまくスケジューリングしましょう。腕の良いエージェントは、スケジュールを完璧に組んでくれます。

とはいえ、どれかが早く進んでしまうことはあります。1番良くないのは5社あるうちの2番目に行きたい会社の内定が出て、回答期限は1週間というような状態。**中途採用の場合、内定後の猶予はだいたい1週間です。**会社としては、入社してくれるつもりがないなら、早く次の人に内定を出して採用ポジションを埋めたいからです。

また、欠員補充の求人の場合、同じような人が来てもしかたがないので、内定を2人同時に出すことはありません。だから内定後は急かされると思っておいたほうが良いですね。本当は即日で回答がほしいくらい、相手は急いでいるんです。

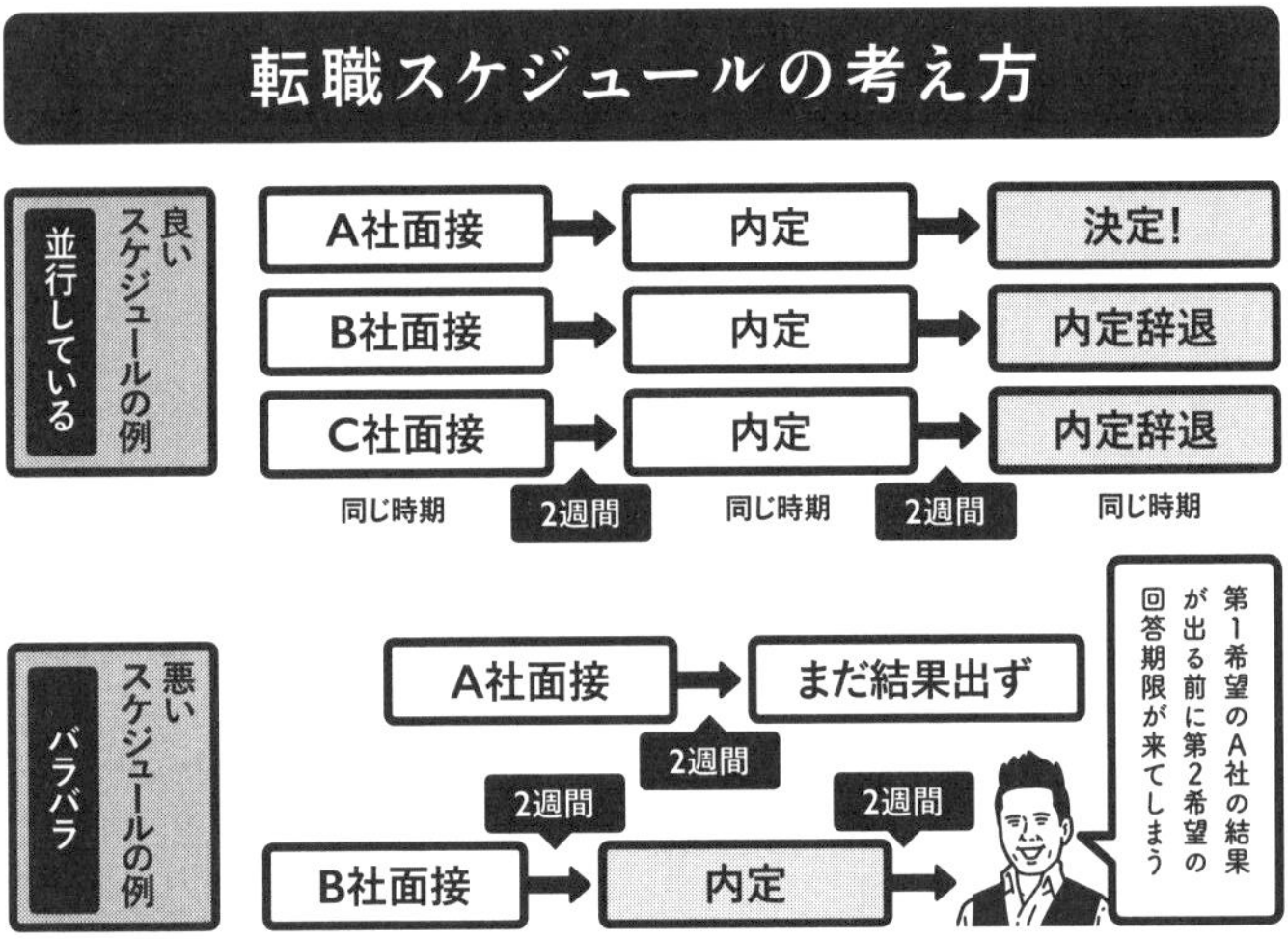

最悪の事態を防ぐために、第1志望の会社は、ほかよりちょっとだけ先に進めておきましょう。

「面接の練習をしておきたい」と考える場合、最初に第5志望の難易度の低い会社を受けましょう。おそらく高評価をもらえますから、自信もつきます。そのあとは、第1志望、第2志望、第3志望という順で受けていきましょう。そのうえで、内定が出るタイミングが同時になるのがベストですね。

複数社の内定が取れたときのお話をしましょう。少なくとも、2日くらいは、冷静に比較検討する時間を取りましょう。**人間の傾向として、接触したタイミングが近ければ近いほど、その会社を良い会社だと思いがちで**

す。これを私は散々見てきました。5日前に第1志望だった会社に口説かれた。1時間前に第2志望から熱烈に口説かれた。こうなると、多くの人が第2志望に流れがちです。だから、絶対にその日にジャッジしたらダメです。2日ぐらいたって冷静になると、「やっぱり第1志望のほうがいいよね」と冷静に考えられるはず。

ここだけの話、入社したあとの社員の満足度の低い会社の採用担当者や採用責任者の役員は、面接の場で1発で若者に入社意志を決めさせるスキルが非常に高いケースは少なくありません。いろいろ調べられたり、冷静に他内定先と比べられたら、自分の会社の実力が力負けして選ばれないことがよくわかっているからです。

転職活動のスケジューリングは非常に難しいです。転職エージェントを複数使うと収拾がつかなくなりますから、「面談」は複数社使っても、「応募」は一番気に入った1社だけ使って全部そのエージェントにスケジュールを管理してもらうのが1番楽です。ただし、そのエージェントが持っていなかった求人を自分で進めるという場合もあるでしょう。その場合は、自分で進めている求人の進捗状況や志望順位も、ちゃんとエージェントに伝えましょう。そうすれば全体の進み具合を最適にコントロールすることができます。

転職活動に必要な期間は？

全部で4～5カ月です

転職活動を始めてから、次の会社で働き始めるまで、トントン拍子で話が進んだとしても、3カ月はかかります。実際のスケジュールを考えると4～5カ月は見ておいたほうが良いでしょう。

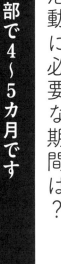

▼時間のあるうちに準備しよう

「転職しようかなあ」と思ったら、転職する意志がきちんと固まっていなくても、まずは職務経歴書を準備しておきましょう。良い会社の求人はいつ現れるかわかりませんし、就活のときよりも枠が少ない椅子取りゲームです。

欠員が出たので、1名のみ募集というケースもありますし、良き求人ほど、あっという

転職活動は「4カ月コース」で考えよう

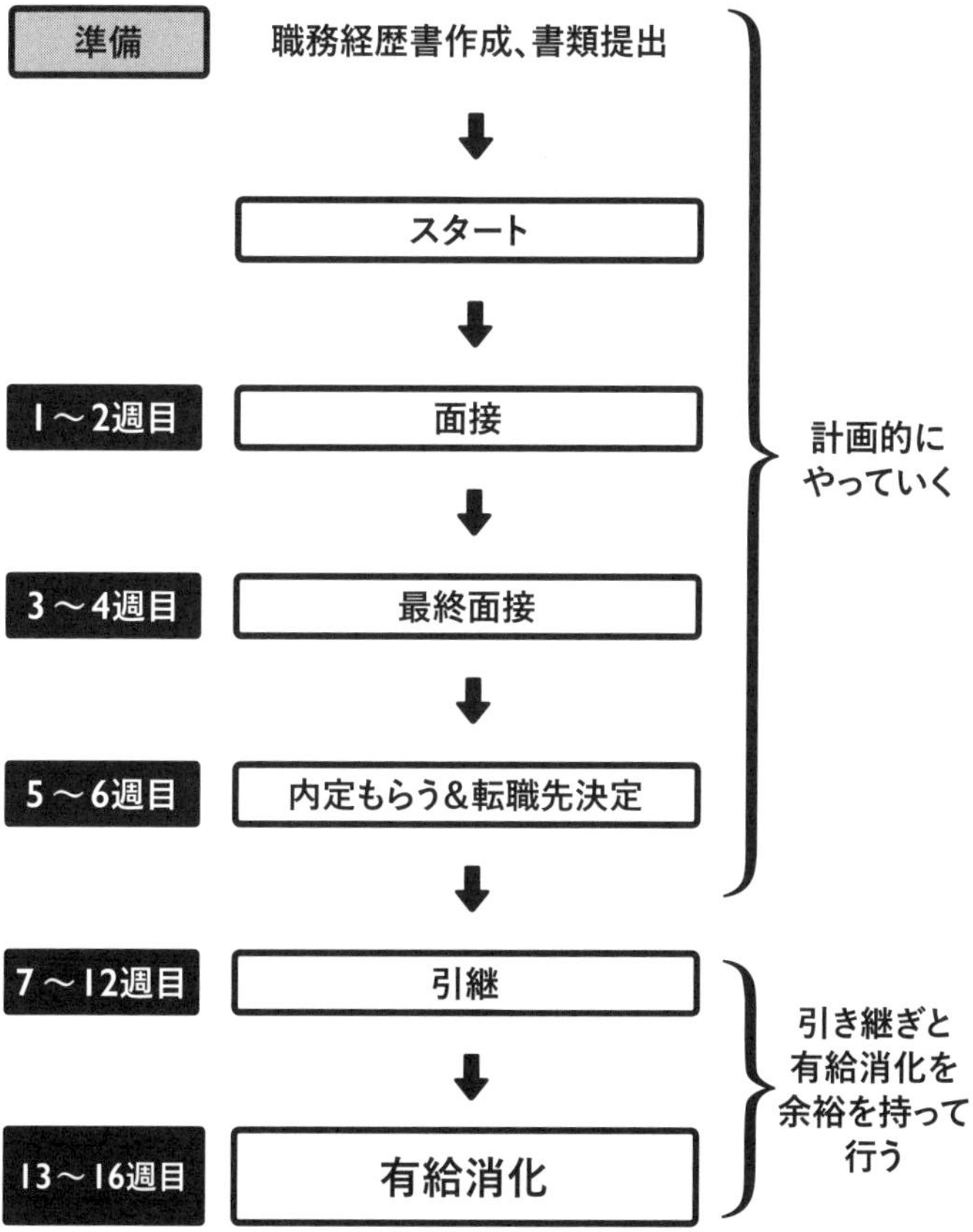

間になくなる早い者勝ちのスピード勝負です。見つけてから書類作成していても間に合いません。

職務経歴書を書いて、自分自身の仕事っぷりを具体的に言語化するとキャリアの棚卸しにもなりますし、なんとなく毎日会社に通っていた人は、身が引き締まる良い機会になります。もっと仕事を頑張ろう！　こんな仕事に挑戦してみよう！　と、現職での仕事に積極的に取り組むやる気も出てきます。

▼理想的な転職活動のスケジュール

さて、最速の3カ月コースを、応募して、書類審査を通過したところから考えてみましょう。

最初の2週間で1次面接を3社受けて、次の1週間で最終面接を2社。2社とも内定をもらい、考えるのに1週間。これで1カ月ですね。そして、今の職場に退職の意思を伝え、引き継ぎに1カ月半。最後の2週間は有給消化。このぐらい詰め詰めの予定にすれば、3カ月以内に転職可能。ただし、これだけハイスピードでこなすには、やりたいことが決まっていて、受ける会社は2～3社というのが前提条件ですね。

ぱっと終わらせたいから、この3カ月コースで、という人もいるでしょうが、デメリットが1つあります。少しスケジュールが遅れてしまえば、退職ギリギリまで仕事をすることになり、へろへろの状態ですぐさま新天地に乗り込まなければいけない。リフレッシュしないまま、新しい職場で働き始めるのは、けっこうキツいですよ。

▼有給はきちんと全て消化しよう

そもそも日本人は有給消化率が低くて、特に若い人はため込んでいる傾向があります。3年働いていれば、1カ月分まるまる残っているという人も多い。せっかくなので、転職前に完全に有給を使い切ってしまいましょう。

ですから、最初の面接から内定を取って転職先を決めるまでに2カ月、引き継ぎと有給消化で2カ月、もしくは3カ月。合計で4カ月～5カ月というのがオススメのスケジュールです。

春から転職先に移りたいというのであれば、書類作成やエージェント探しは半年前には終わらせておくのが理想ですね。

実際に私がエージェントを引き受けた場合の説明をしていきましょう。

4月1日入社を狙う方には、10月末から11月末の時点で職務経歴書を仕上げてもらいます。書類の準備をしながら、どんな仕事をしたいのか、重視したい価値観は何かという話を求職者から聞き出し、条件に合う会社をピックアップして、本当にその会社に行きたいのか、OB訪問などで年末までには十分に情報を仕入れてもらいます。

12月半ばあたり、ないしは年明け早々にはどんどん面接を受けていきます。1月中には内定を取り、上司に転職の報告。そこから2月末まで引き継ぎをして、3月はまるまる休み英気を養います。企業によっては「3月1日から働けませんか」というところもありますが「すいません、お気持ちはありがたいのですが、最終出社日が3月10日なんです」みたいに伝えれば、「わかりました。じゃあ、4月1日からお願いします」とばっちり休みを確保できます。

現職の同僚に迷惑をかけないために、しっかり仕事を引き継いで退職したいなら、計画的に転職活動をしてしっかりと事前準備をすること。**そして、1番大切なのは、心身ともに最高に健康な状態で転職先に入社し、新しい職場で活躍することです。**

離職中の転職活動ってどうなの？

できれば避けてほしいです

仕事をしながらでは、スケジュール的に、あるいは性格的に転職活動ができない。そんな人もいるかと思います。では、転職活動のために仕事を辞めるというのは、どうでしょうか。

▼離職中は冷静な判断がしにくくなる場合がある

私は離職するというのは、本当に最後の手段にするべきだと考えています。

離職してすぐに次の会社が決まれば問題ないのですが、3カ月ぐらいで20社も落ちてしまうと、だんだん気弱になってきます。そして、そういうことは起こりうる。内定が出た途端、実際は微妙な会社でのイマイチな仕事であっても、「やった！　これで助かった」と飛びついてしまう人は少なくありません。まだほかに内定が取れそうなベターな会社があったり、本来の転職の目的が実現されない転職先であったとしても、妥協してしまう。

▼離職中に転職活動をするメリット

そんなわけで、基本的には仕事をしながら、どうにかスケジューリングして転職活動にも打ち込むというのが正攻法。とはいえ、失業している状態って、実はある意味、転職活動における最強のステータスでもあります。

人事から見ると、現職での引き留めによる入社辞退の可能性がないため入社する確率が高い人として見られます。優秀な実績を出している人ほど、引き留めは強烈です。平社員1人に対しても、部長さん、役員さん一同で、異動や給与アップなどを出して引き留める会社は少なくありません。

エージェント側から見ても、失業後間もない人は魅力的です。会社が決まればすぐ働ける状態だし、志望企業に内定が取れたら、確実に入社してくれる。業績を考えたうえでも計算ができるし、何よりも、「困っている人を助けたい」というプロ根性、ホスピタリティが刺激されます。失業している人で、困っていない人なんていませんから。

離職中の転職活動

メリット

- 「入社の可能性が高い」と思ってもらえる
- 「内定を出したらすぐに働きはじめる」と思ってもらえる

↔

デメリット

- 不安定な身分なので焦りが生じる
- 前職から逃げたと思われる
- 妥協して不本意な転職になる可能性がある

離職するメリットはあるが、デメリットの大きさも無視できない！

面接に足を運んだ際に、「なぜ仕事を続けながら転職活動をしなったのか？」と面接官に聞かれた場合にも、「僕の性格的に今の仕事をやりながら、次の会社のことは考えられないので、期間を決めてきちっとやって、最後の最後までやりきりました。最後の3カ月の業績を見ていただいてもわかっていただけるかと思います。そして辞職後の1カ月でじっくり考えました」。そんなふうに説明できれば、会社を辞めたことはほとんどマイナスになりません。「正直者だから会社の上司に内緒で転職活動とかできなかったんだな」と納得感もあります。

ただ、56ページで説明したような〝逃げの転職〟をしてしまった場合は、少し印象は悪いですね。3年きっちり働いて辞めていれば「ああ。忙しい会社だったら、転職活動する暇もないよね」と理解してもらえます。

▼失業保険には頼りすぎないようにしよう

離職後半年以上過ぎているとマイナスポイントになります。「勤労意欲ないんじゃないのかな」みたいに思われてしまう。離職後、半年きっかり休む人はけっこういます。なぜなら自己都合退職の場合、3カ月後から失業保険の支給が始まり、それから3カ月間支給されるからです。相手に「大丈夫？」という不信感を与えないためには、失業保険をもらいきる前に転職先を決めたいですね。

第5章 意外に知らない内定後の「ルール」

内定ブルーになってしまいました

生の情報を集めてから決断しよう

転職活動では、マリッジブルーならぬ〝内定ブルー〟に陥る人がいます。志望先の内定を獲得したが、転職するふんぎりがつかないケースです。また、複数社の内定を獲得して迷うケースもたくさんあります。

人間は変化をすること自体を怖がる生き物ですし、今仕事がある人は、現職と転職先の比較をします。現職の満足度が高い人ほど、やっぱり迷います。一方、現職への不満が大きい人は、「今よりはマシになるはずだ」と迷うことは少ない。「どこでもいい。今の会社でないなら」みたいな感じですね。行くにしても、行かないにしても、あなたの自由です！

ですが、しっかりと自分自身の意思を持って後悔をしない決断をするべきです。自分がどこに懸念を感じているのかを分析しないと解決の糸口も見つかりませんから、仕事の満

内定ブルーを克服する思考の順番

❶ そもそもの転職の理由に立ち返る
❷ 44ページの転職4要素で考える
❸ 漠然とした不安は要素に分解して考える
❹ 面接後や内定をもらったあとに条件についてきちんと詰めておく
❺ 会社ごとに転職する条件を決めておく
❻ 転職先の人とより多くの接点を持つ

環境が変わることは誰しも不安に思うもの。
不安を減らす努力は惜しまないように！

足度を決める4要素（44ページ参照）のどこに原因があるのかを探ってみましょう。

今一度、そもそもの「転職の目的」に立ち返るのです。そして、転職先で「得られるもの」と「失うもの」を明確にしましょう。 45ページで触れたように、全部がアップするような転職というのは基本的にありえません。「今回の転職は×××を捨てる代わりに、△△△を得るための転職なんだ」ということをちゃんと書き出して整理してみましょう。特に、「失うもの」にフォーカスして、できるだけ多く書き出してください。すると、現時点ではわからないことが出てきます。その場合は、判断するための情報が不足しているわけですから、その情報を確かめましょう。

▼職場訪問や社員との顔合わせが有効

1番オススメの方法は、内定後に配属予定先の現場社員さんとの顔合わせを人事部にアレンジしてもらうことです。人材業界の業界用語で「条件提示面談」と呼ばれている面談があります。これは、人事から雇用条件の詳細などの説明を受ける機会ですが、このときに合わせて、顔合わせや職場見学をお願いしてみましょう。

配属予定の部署の上司と事前に会っておけば、自分との相性も確認できますし、その人のもとで働いているイメージもわくでしょう。

会社によってはコンプライアンスの関係で入れない場合もありますが、職場見学もしておきたいですね。「ここに俺のデスクがあって、この人たちと一緒に仕事をしていくんだな」と想像ができます。「イマイチかも」と思っていた内定先が実はフィットしていたということもありますし、「絶対行きたい！」と思っていた内定先が実は全然良くない場合もあります。

大切なのは、自分の勝手な想像や、イメージだけでなく、実際に足を運んで、自分の目と耳で確認することです。

▼入社後の姿を思い浮かべよう

さらに付け加えると、「入社後の将来」に関しても、確認しておきたいところです。「本当にこの会社に移って、出世できるのか？　5年後、10年後も自分の居場所はあるだろうか？」という点です。年次ごとの、新卒社員の数や、同年代がどれぐらいいるのかという組織構成を聞いてみましょう。

たとえばリーマンショック前には新卒を100人ずつ採用していたが、リーマンショック後には30人しか採用せず、年齢構成がいびつな会社もあります。そういう会社では100人ずつ採用されていた世代とあなたが同年代の場合、部下が全然持てなかったり、出世競争が理不尽に激しかったりすることがあります。自分より若い後輩が少ないために、同期全員が団子レース状態になっているからです。

転職して入社した外様の社員が、部長や役員にまで出世しているかも確認してみてください。会社によっては、新卒入社社員の純血で経営の上のほうを固めている会社もあります。「××歳の世代はどのぐらいいますか」「何歳ぐらいで管理職になる人が多いですか」と聞いたり、役員の経歴を調べたりしておきましょう。

選考途中で辞退して平気ですか？

ルールに従って辞退しましょう

内定が出たあとでも、その前でも、企業の選考を辞退することは問題になりません。**ただし、面接を組んで、先方の予定を押さえてしまった場合は、足を運びましょう。アポをドタキャンしないのは、社会常識です。**

特にエージェントを使っている場合は、面接をキャンセルされてしまうと、エージェントのメンツを潰すことになります。そうなれば、エージェントのあなたを支援する気持ちや、あなたへの信用度はガタ落ちします。

一番最低なのが当日になって「今日行けません」というもの。体調不良や、現職が忙しくてというのも、理由にはなりません。面接辞退の事実は、企業にも、エージェントにも、データとして残る可能性があります。辞退した直後や、数年後に、「やっぱり気が変わり

辞退は第1希望の内定をもらってから

- ドタキャン厳禁
- 辞退はしても構わないが丁寧に行う
- 辞退した会社が次の転職先や取引先になる可能性もある
- 書面での内定をもらうまでは内定とはいえない

「何社も面接受けるのは面倒」「多分第1希望に受かるだろう」と思わない！

ました。もう一度、受けさせてください」と言ってみても、書類すら通らないリスクを抱えることになります。

新卒の場合によくあるのが、第1志望の内定が出るものだと勝手に自分で思い込んでしまい、ほかを全部辞退したあとに、第1志望も最終面接で落ちてしまうというものです。

なぜそうなるのでしょうか。たとえば、インターンで社員と良い関係を築けたと思っていたり、インターンの仲間がみんな内定をもらっていて、「じゃあ、俺も大丈夫はなずだ」と勝手に予測してしまったりするんです。これは中途採用の面接の場合も同様です。

▼書面で内定がもらえるまでは気を抜かない！

ちゃんと内定をもらうまでは思い込みは禁物です。ちなみに、先ほどから内定の話が続きますが、**ここで言っている内定は書面での内定通知書のことです。**口頭での〝内定〟には法的な拘束力がなくて、取り消すことができる。だからエージェントも、書面で通知をもらった時点で、「内定が出ました」と伝えるように徹底しています。

やっかいなことに〝内定方向〟というものがあったりします。「一緒に働きたいですね」と言われると、「あ、これ、きっと大丈夫だ」と求職者は思ってしまう。でも、そのあとに会社が「やっぱ無理でした」というのは、法的に許されているし、少なくない話です。

オーナー系企業の場合、社長の鶴の一声で、「中途採用全部ストップ！」ということはありますし、外資系企業の場合、日本の現場面接官は取りたくても、本国の決裁が下りないケースもあります。内定の定義はあくまで書面。これは取り消せません。ほかの会社に対する返事の期限が迫っていて、とにかくはっきりと早急に内定を出してほしいときには、正式な書類でなくとも、メールの文面や、ＰＤＦで送ってもらって、きちんとログを残しておくという方法もあります。

退職を願い出るタイミングは？

内定をもらってからです

転職活動中、スムーズに転職するために、内定をもらう前に現職の上司に話をしておいたほうが良いと考える人もいます。結論から言えば、リスクが非常に高いので絶対に辞めておきましょう。内定をもらって、転職の意思を固めた段階で報告するのが一番です。

やってはいけないのが〝相談〟です。「転職しようと思っているんですが」ではなく「転職することにしました」という報告をしましょう。「お世話になりました。○月×日付けで退職します」。これ以上、何かを言う必要はありません。

引き継ぎ期間は、労働基準法では2週間。常識的な範囲で言うと退職の意思を伝えてから2カ月以内ですね。真面目過ぎる人は、「引き継ぎのために、あと半年くらいはいてほしいんだけど」と言われると、真に受けてしまうかもしれませんが、キッパリ断るようにし

転職先のことを優先して考えよう

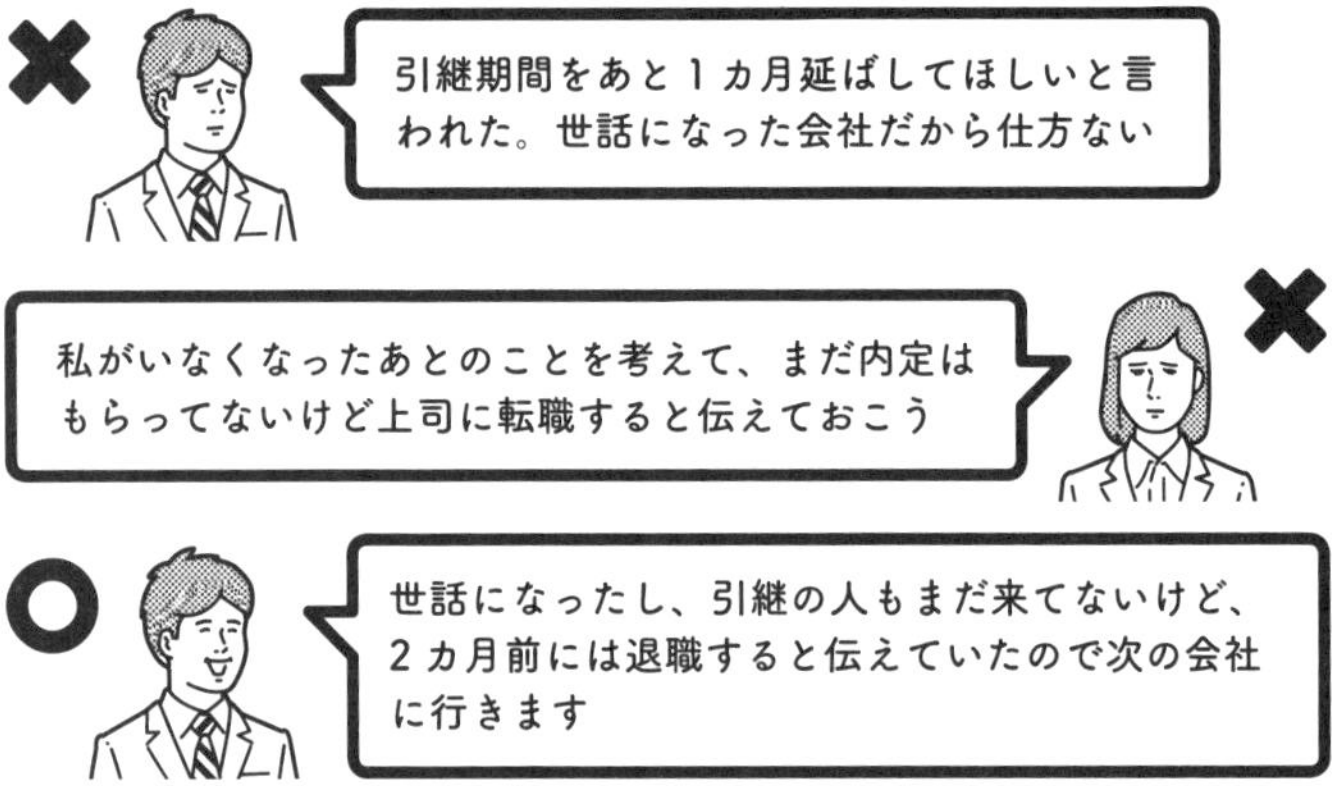

×
引継期間をあと1カ月延ばしてほしいと言われた。世話になった会社だから仕方ない
×
私がいなくなったあとのことを考えて、まだ内定はもらってないけど上司に転職すると伝えておこう
○
世話になったし、引継の人もまだ来てないけど、2カ月前には退職すると伝えていたので次の会社に行きます

ましょう。

そもそも、迷惑をかけない退職なんてありえません。あなたが退職する穴を埋めるのは、あなたの上司と、人事部の仕事です。その仕事も含めて、お給料をもらっていますから、遠慮せず、2カ月以内に退職の意志を伝えましょう。

あなたの退職が遅れれば、それだけ転職先の企業に迷惑をかけることになります。迷惑をかけるのが、現職になるのか、転職先になるのか、そのどちらを選ぶとしたら、転職先の都合を重視するほうが、あなたにとっては得なはずです。

特に欠員補充の採用の場合、同じ能力を持った「3カ月後に入社できる人」と「今すぐ入れる人」を比べたときに、とにかく早く穴を埋めてほしいから、早く入社できる人が選ばれるということもあります。入社できる時期が遅過ぎるのは、ディスアドバンテージになりえます。

▼自信過剰な人は要注意

188ページでも説明したように、きちんと引き継ぎの期間も考えて、転職スケジュールを組みましょう。退職交渉に関してもっと知りたい方は、欄外にある参考資料で確認してみてください。自信過剰な人は転職活動の途中で、現職の退職交渉を始めちゃおうかなと考えてしまうことがありますが。これはちょっと危ないです。無職になる覚悟をしているのなら別ですが、そうでない場合は止めておきましょう。

一度、「辞めます」と伝えると、内定が出なかったときに現職での自分の居場所がなくなります。仕事を干されてしまうなんてこともあります。

特に若い人にはそういう人が多いです。採用担当者と接していると、感触を好意的に捉え過ぎてしまって、「これは通りそうだな」と勘違いしてしまう。でも、ちゃんと書面で内定をもらうまでは、何が起きるかわかりません。気をつけてくださいね。

「第二新卒のための、はじめての退職、ダンドリQ&A」（リクナビNEXT）
http://next.rikunabi.com/04/nisotu_dandori/nisotu_dandori_01.html
※アドバイザーの早川さんは、僕の最後の上司です。

家族に相談するタイミングは？

迷ってるときはＮＧです！

転職のことを家族に話すタイミングはいつがベストでしょうか。転職を考え始めたとき？　それとも転職先が決まったとき？　私のオススメは最後の最後ですね。

特に結婚している男性の場合、内定先も、雇用条件もわからない時期に、奥さんに「転職するつもりだ」と話すと、心配し始めます。「給料は減るんじゃないの？」。「本当にあなたのやりたい仕事ができるの？」。妻は家庭を守るのが仕事ですから、そのリアクションは当然です。

ネット上でも、「嫁ブロック」という言葉が出ています。男性よりも女性のほうがシビアに現実を見つめる傾向があって、「こんなことをやりたい」って転職活動をする夫を、「いや、お金と時間のこと考えなきゃダメでしょ」と押しとどめる。「その仕事、ちゃんとやっ

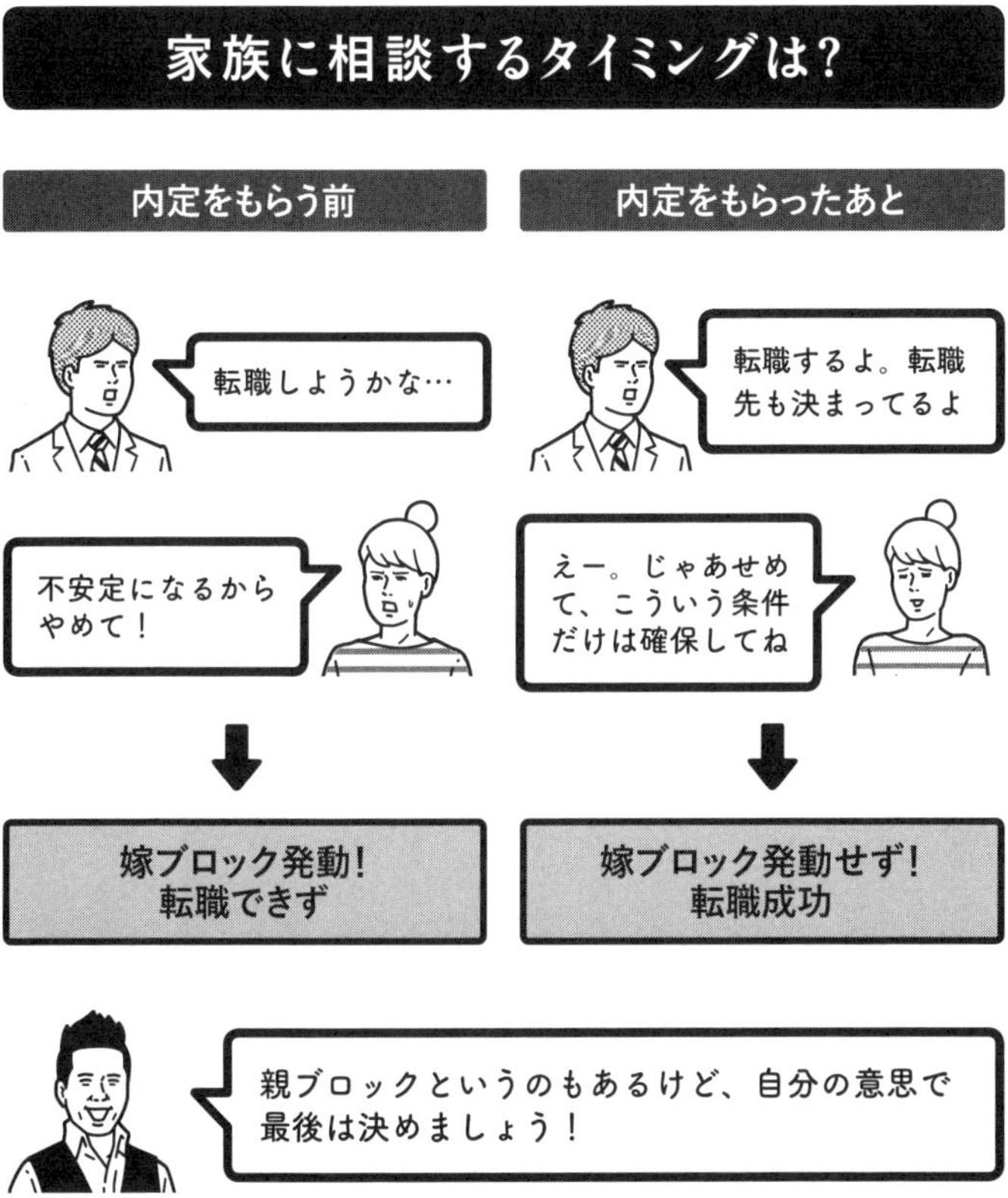
家族に相談するタイミングは?
内定をもらう前
内定をもらったあと
転職しようかな…
転職するよ。転職先も決まってるよ
不安定になるからやめて！
えー。じゃあせめて、こういう条件だけは確保してね
嫁ブロック発動！転職できず
嫁ブロック発動せず！転職成功
親ブロックというのもあるけど、自分の意思で最後は決めましょう！

ていけるの？」という妻の問いかけに「いや、俺もわかんないけど挑戦したいんだよ」と返したら、絶対ケンカになります。

▼相談することで見落としていた点が見つかることもある

だから転職先から全部の条件が提示されて、現職に退職の意思を伝える直前が、家族に打ち明ける最良のタイミングです。そこまで行けば、自分の意思も固まっていますし、条件面で家族を不安にさせることもない。それに、職場には伝えてないので退職を思いとどまることもできます。家族からのアドバイスで、自分に見えていなかった落とし穴に気づくこともあるんです。

実際に、私も妻からアドバイスをもらったことで助かりました。この本の刊行後、私自身も転職をして、シンガポールで働く予定になっています。私自身は「やりたい仕事であれば給料はいくらでも構わない！」という前のめり過ぎる姿勢でした。でも、妻がシンガポールの物価や子どもの教育にかかる学費を調べてみると、日本よりもかなり高く、頂いた雇用条件では家族4人の生活を賄うことがちょっと厳しいことがわかったのです。

しっかりと社長さんに家庭の事情と希望年収をお伝えしたら、落としどころの雇用条件を頂け、妻にも応援してもらえる転職ができました。

▼一方的な説得ではなく対話を心がけよう

男は夢を追い、女は現実を見る傾向があります。30代半ばの元転職屋の私ですらこうですから、20代の方は、「内定後」のタイミングですぐにパートナーに相談することをオススメします。「説得してやろう！」という一方通行のスタンスではなく、「対話」を心がけてください。パートナーから貴重なアドバイスや、新しい気づきをもらえることもあるかもしれません。

もっとも、実際に転職活動をしていると、家に帰る時間が急に遅くなってばれることが大半のようです。いきなり「転職することにした」と話すと、さすがにびっくりさせてしまうので、じわじわと共感を得ておく作戦があります。「頑張ってるのに給料が伸びないんだよなあ」とか、「本当残業減らなくてさ」「俺も早く帰って子育ての手伝いしたいけど、あの上司、鬼でさ」。そうやって「ああ、仕事で悩んでいるんだな」という情報を小出しにして知っていてもらうと、いざ、「良い転職先が見つかったんだ」と話したときに、すっと受け入れてもらいやすいですよ。

特別企画

3大転職サイト関係者の匿名座談会

「結局、どの転職サイトを使えばいいの？」と悩む転職希望者は多いでしょう。今回は、リクナビNEXT（以下、**リクナビ**）、マイナビ転職（以下、**マイナビ**）、エン転職（エン・ジャパン。以下、**エン**）の関係者に集まってもらいました。著者（**鈴木**）が司会となり、各サイトの特徴や活用法、裏事情について縦横無尽に語ってもらいました。

各サイトの特徴は？

鈴木　まずは、それぞれの媒体の特徴や大事にしていることを教えてください。

リクナビ　私たちは何といっても、人材業界の先駆者なので、ナンバーワンにこだわってきました。現在、転職者の約8割がリクナビ経由になってます。ですから求職者には「うちを使ってもらえれば、転職先が確実に決まります」というメッセージを投げています。それから、大手企業しか載っていないと勘違いされることもありますけど、掲載社数の6割は従業員数が100人以下の企業です。

マイナビ　うちは掲載数にこだわっていますね。細かいことをいうと、掲載する案件数ではなく、社数を重視しています。それから現在は各地に営業所を展開している最中で、支社を増やすことで、地場の求人を多数載せていこうとしています。もう1つ、マイナビというと、新卒採用のときに利用されるというイメージがまだ強いですから、第2新卒を始めとする若手の転職希望者が利用しやすくしたい。求人を検索するときに、単に「未経験OK」というチェックボックスを用意するのではなく、「業界未経験OK」と「職種未経験OK」の2つに分かれているのも、まだ社会人歴が浅い人であっても、自分にぴったりの仕事を見つけやすくするための工夫ですね。

エン　私たちはユーザーファーストです。入社後「思っていた仕事・職場ではない」というギャップを減らし、活躍をしてもらうために正直で詳細な情報を出しています。

鈴木　じゃあ、企業のほうも、良い会社であれば、大企業でなくても選んでもらえる可能性が上がる。

エン　そうなんです。求職者には会社規模やネームバリューだけで選んでほしくないという思いから、企業側がお金を積んでも掲載を上位にすることはできません。

鈴木　エン・ジャパンの転職のサイトは、20年前ぐらいからありますよね？　一番正直にちゃんとやっているのに、業界1位になれない理由って何ですか。

エン　何をもって業界1位になろうとしているかの違いだと思います。「入社後の活躍」を一番支援するサービスでありたいので、量ではなく質を追求してますから。

スカウトメールってどうなの？

マイナビ　エン・ジャパンは「カイシャの評判」という企業に関する口コミサイトを連動させていますよね。始めたときって、企業は嫌がったんじゃないですか。

エン　もちろん（笑）。それに現場の営業マンからも大クレームが出ました。でも、それぐらい意志を持って、裏表なく情報を出そうというスタンスで勝負しています。会社に対する悪評を言われるのが嫌なら、企業努力で会社を変えていけばいいんです。悪い評判というのは、どうせうちのサイトに書かれなくても、ネットのどこかには出ますからね。

鈴木　転職サイトに登録しているユーザーの情報を、企業はどこまで見られるんですか。

エン　どのサイトもオプションで違うと思いますけど、個人を特定できる情報は当然、エントリーするまで伏せられています。ただ、居住地と年齢ぐらいしかわかってない状態でも、どんどんメルマガ的なメッセージ送っている企業はいますよ。もちろん、ユーザーが任意でそういったスカウトを受け取ると選択した場合です。

リクナビ　うちも、「この条件に合う求職者には、この文面で自動的にメッセージを送ります」というオプションがありますね。

鈴木　求職者からすると、企業からのメッセージの数と質って気になると思います。企業が「この人が欲しい」と結構真剣に送ってきているスカウトメールと、一斉送信でたくさんの人に送るダイレクトメール（ＤＭ）の

2種類がありますけど、大量に欲しい人もいれば、自分に合ってるものだけ送ってという人もいますよね。

エン 私たちの場合は1件ずつ、しっかり見てから送ることを企業側に求めています。なので、求職者はスカウトがきたらしっかり見た方が良いですね。

マイナビ マイナビは、スカウトメールを500件までという制限はしてます。流通量自体がすごい増えているので。

鈴木 実はスカウトメールも結構な数が撒かれるんですね。「これ、俺だけに来ているんだ」って思ったら、全然そんなことない。

リクナビ うちには様々な種類のDMがあります。また、掲載したものに関するDMだけじゃなくて、リクナビNEXTプロジェクトという広告と斡旋の間のようなDMもあって、求職者側でオン・オフを選べます。それで自分に入ってくる情報の量を調整するという感じですね。

鈴木 スカウトメールがきても選考は厳しいですよね。企業としてはまず応募してもらって、面接でじっくり見ようという考えだから。

情報に振り回されないのが重要

鈴木 自分でどんどん検索していくのと、企業からのメッセージを待っているのはどっちがオススメですか？

エン 自分からどんどん出会いを求めたほうがいいと思います。そして、最後は自分で1社決めるというのが大事ですね。企業側って、登録したデジタルなデータを見て、DMやスカウトメールを打つ。

鈴木　企業側は志向性ではなく、学歴、経歴、職歴の特性だけ見てメッセージを送ってくる。そのようにしているので、やりたいことが入っている可能性もあるし、やりたくないことも入っている。その人の内面までは見てないんだよね。

エン　それで情報に埋もれちゃうこともあるけど、逆に考えたら、自分がやりたいと思っていなかったところからもメッセージが来て、出会いの可能性は広がってるんですよ。ただ、情報に振り回されちゃだめ。

鈴木　最後は自分で決めるっていうのは？

エン　「自分がこの会社に決めたんだ」という状態を作らないと、その後うまくいかなかったときに企業のせいにしちゃったり、サイトのせいにしちゃうこともあります。そういう人は良くない転職を繰り返しちゃって、いいキャリアが形成できない。

鈴木　やっぱ逃げの転職って負けぐせがつきますもんね。

新卒と転職で違う「エントリー」の意味

鈴木　エージェントと転職サイトの違いって、どんなところだと思います？　たとえば、年収が低かったり、職歴や学歴によって、転職エージェントに断られることがありますよね。だけど、サイトは登録を断らない。だから、みんなが使えるというのがサイトの良いところだと思いますけど、ほかには。

リクナビ　職務経歴書を自分で書かなきゃいけないので、書くのがうまい人とそうでない人に結構差が出ますね。エージェントはキャリアについて話をしたうえで、「ここはもうちょっと強く出しましょう」とか「もっと具体的に数字を入れてわかりやすくしましょう」とか言います。サイトのほうは自分の売りや強みをわかっていないと、個性のないレジュメになってしまう。だから企業側も「会ってみないとわからない」という心構えで臨んでいます。

鈴木 やっぱ、実際に会ってみるのが大事ですよね。

エン だけど、たくさん応募するんだけど、絶対に面接に行かない人がいますよね。

リクナビ いますねえ。

マイナビ （笑）

エン 困るんです。企業側が「何度も選考案内を同じ人に無視されている。なぜ何度もエントリーをしてくるのでしょう？」と対応方法を相談してくるくらいです。

鈴木 エントリーした以上、企業としても会いに来ると認識しているので、ぶっちするのはやめてねと。エントリーした時点で人事も個人情報を見ているから、履歴が残る可能性はあるわけですよね。

エン そうです。本来であればもらえたチャンスがもらえなくなってしまいます。

マイナビ 新卒の就活と同じ気持ちなのかもしれませんね。中途のエントリーは、新卒と違って、エントリーはすなわち応募。2015年卒の数字ですが、新卒は1人あたり90件ぐらいエントリーして、実際に説明会に行くのは24～25件とか。その感覚でエントリーしちゃうと、だめなんですよね。同じ「エントリー」という言葉だけど、質が違う。

鈴木　企業側は中途のエントリーがあった時点で、面接の準備をしますよね。そういう求職者のサイト使用を停止できるんですか。

エン　それはできないですが、企業が独自にブラックリストをつくっているケースはありますね。

マイナビ　うちではできないですね

エン　エージェントはありますね。

鈴木　そうそう。がんがんやりますね。「今、ご紹介してさしあげられる案件がないので」と（笑）。

厳しい企業の審査

鈴木　じゃあ逆に、企業側の掲載を拒否することはありますか。エージェントは企業の出禁があります。悪い企業がいて、エージェントが間に入っているときには、わざと求職者を不採用にするんです。そのあと、裏で直接連絡を取り合って採用するとか。つまり、エージェントの手数料逃れですね。

エン　裁判になることもありますよね。そういうケースはあります。

鈴木　盗み食いする企業は、ばしばし出禁にするし、ヤバそうだったら取り引き停止することもある。

エン　サイトのほうも企業の出禁はあります。

リクナビ　そもそも審査もありますしね。

鈴木　大手のサイトはきちんと審査してるから、その点安心できますよね。

リクナビ　会社の所在地に行ったら看板が出てないとかは怪しい。ベンチャーなのでオフィスを間借りしていますというときは仕方ないので、やっていることが真っ当な商売かをチェックします。

リクナビ　ネズミ講とかもですね。

マイナビ　企業から受注して、審査をかけてみたら、だめだったっていうことは結構あります。

マイナビ　うちは原則として社会保険に加入していることが条件です（適用除外事業は除く）。反社会的勢力じゃないかというチェックも、新卒、中途、バイト全部ちゃんとやってます。そういう怪しい系の企業は採用をがんがんやっていたりするので、営業マンからすると、ぜひとも契約を取りたいんだけど、求職者にとって不利益になりますからね。

リクナビ　うちの場合、掲載にあたってはリクルート独自の規定があります。それに基づいて、虚偽広告にならないように、企業に確認することもあります。入社後にハッピーにならないと、サイトの責任になりうるので、その可能性を排除するという考え方です。

エン　与信管理とかは、専門の部署がありますね。

鈴木　営業部隊と審査部隊は別。銀行と一緒ですね。

受け身では成功しない

鈴木　常に募集をかけているところってありますよね。何か問題があるケースが多いんですか？

エン　一概にそうとは言えません。成長企業もたくさんあります。求人広告だけでなく、口コミや企業のホームページ、業界のことなど調べて見極めないと。

鈴木　それぞれのサイトで掲載期間は違うんですか？

リクナビ　うちは2週間か4週間です。

マイナビ　うちは4週間。

エン　うちは4週間がベースですね。

鈴木　見つけたら2週間から4週間で消えるから、良いと思ったら即応募しましょうってことですね。

リクナビ　いつ掲載終了ですよというのは、どのサイトにも書かれているし、ブックマークした求人が掲載終了する前にはメールが届きます。また、企業側がターゲットとして設定した条件と、求人者が登録した条件が一致したとき企業から様々な案内のメールが届くこともあります。

鈴木　掲載直後の新着の求人に応募したほうがトクだったりしますか。求職者がエントリーしたって情報は、リアルタイムで企業に届きますよね。

リクナビ　そうですね。ほとんど時間差はありません。

鈴木　じゃあ、見つけたら、すぐに応募したほうが良い？

リクナビ　ただ、企業の人事も新卒採用や研修も一緒にやっている場合もあるので、応募があったからといって即反応するわけではありません。だから1分1秒でも、早ければ早いほど良いかというと、必ずしもそうではない。

エン　だいたいの人事は、掲載してから1週間でプランニング通りなのか見極めます。もし求職者の反応が悪ければ何か手を打たないといけませんから。でも、理想としては、新着として掲載されている間にエントリーすべきですね。掲載終了直前に駆け込みでエントリーしても、先にどんぴしゃの人がエントリーしていたら、その人が第1候補者になったりしますから。一度、企業側が優先順位をつけてしまうと、それをひっくり返すのは大変です。だから、掲載されてから1週間以内に応募するのがいいですね。

リクナビ　企業側も求人を出してすぐの期間はワクワクしてますしね。

鈴木　じゃあ掲載1週目にできるだけ応募して、面接の日取りもできるだけ早く決めてしまったほうが良い。

エン　そうですね。良いと思った求人は待つんじゃなくて、エントリーすべきです。

リクナビ　サイトを使用している人の動向を見ていると、「転職したいの誰だっけ」って思うことがあるんです。サイトに登録して待つだけでも企業からメッセージが来ますから、それで安心してしまう人もいるけど、それじゃあ理想の転職はできません。

鈴木　受け身になっちゃうと、結局だらだらしてるだけで転職できない。

リクナビ　それって、積極的に転職したいと思ってないからそうなっちゃうんですよ。

行動するのが大事

鈴木　サイトを使うにあたっての注意点はありますか。

リクナビ　やっぱり求人記事は、どの企業もきれいに書く傾向があります。1つの転職サイトじゃなくて、複数のサイトを使ってみたり、いろんな切り口でその企業を調べたほうが良いと思います。あとは企業のホームページのクオリティも結構参考になるかも。「ちょっとしょぼいなあ」ってホームページだと、そこまでお金が回せないのかなと予測ができる。

鈴木　求人の記事を見ていると、すごく規模の大きな会社のように見えるけど、ホームページを見たらつくりがしょぼいときには、何かあるんじゃないかと思ったほうが良い。

マイナビ　だけど、中途採用のページが充実している企業って、ほとんどないんですよ。だから気になったらエントリーして、会いに行って、その場でいろいろ質問するのが一番確実ですね。

リクナビ　新卒は最初から「この会社に行きたい」と思っていることが多いけど、転職の場合は、自分にフィットするかとか、人事の人と話をしているうちに、「この人と働きたい」と思ったり、フィット感を大事にする傾向があります。

鈴木　結局のところ、満足いく転職をやろうと思えば、とにかくエントリーして、足を運んでみるしかないんですね。今日は面白い話がたくさん聞けました。ありがとうございました。

本書内容に関するお問い合わせについて

このたびは翔泳社の書籍をお買い上げいただき、誠にありがとうございます。弊社では、読者の皆様からのお問い合わせに適切に対応させていただくため、以下のガイドラインへのご協力をお願い致しております。下記項目をお読みいただき、手順に従ってお問い合わせください。

●ご質問される前に

弊社Web サイトの「正誤表」をご参照ください。これまでに判明した正誤や追加情報を掲載しています。

正誤表　http://www.shoeisha.co.jp/book/errata/

●ご質問方法

弊社Web サイトの「刊行物Q&A」をご利用ください。

刊行物Q&A　http://www.shoeisha.co.jp/book/qa/

インターネットをご利用でない場合は、FAX または郵便にて、下記“翔泳社 愛読者サービスセンター”までお問い合わせください。電話でのご質問は、お受けしておりません。

●郵便物送付先およびFAX 番号

送付先住所〒160-0006　東京都新宿区舟町5
FAX 番号　03-5362-3818
宛先　（株）翔泳社 愛読者サービスセンター

●回答について

回答は、ご質問いただいた手段によってご返事申し上げます。ご質問の内容によっては、回答に数日ないしはそれ以上の期間を要する場合があります。

●ご質問に際してのご注意

本書の対象を越えるもの、記述個所を特定されないもの、また読者固有の環境に起因するご質問等にはお答えできませんので、予めご了承ください。

※本書に記載されている情報は、2016年6月執筆時点のものです。
※本書に記載された商品やサービスの内容や価格、URL等は変更される場合があります。
※本書の出版にあたっては正確な記述につとめましたが、著者や出版社などのいずれも、本書の内容に対してなんらかの保証をするものではなく、内容やサンプルに基づくいかなる運用結果に関してもいっさいの責任を負いません。

著者紹介
鈴木康弘（すずきやすひろ）
早稲田大学商学部卒。米国カリフォルニア州で幼少時代を過ごす。2004年4月～2006年10月、（株）リクルートエージェントにて企業の採用支援と、第2新卒者の転職支援を経験。2006年12月～2010年4月、南太平洋フィジー共和国にて語学学校FreeBirdInstituteサポートオフィスマネージャー兼本社取締役。2010年10月から、転職相談のできるBAR「とこなつ家」を起業。就活相談や転職相談が絶えない。2016年9月より、自身の経営する事業を後任に預け、在シンガポールの多国籍企業へ国際人事部長兼海外事業開発担当として赴任予定。 著書に『転職の赤本』（エンターブレイン刊）と『年収300万円の残念な働き方 1万人に会って分かった年収の壁を打ち破る方法』（翔泳社刊）がある。

STAFF
カバー／本文デザイン　萩原弦一郎・荒井千文（ISSHIKI）
本文DTP　梶川元貴（ISSHIKI）
本文イラスト　千野エー
カバー写真　丸毛透
編集協力　唐仁原俊博
編集　昆清徳（株式会社翔泳社）

20代のリアル転職読本

2016年7月4日　初版第1刷発行

著者　鈴木康弘
発行人　佐々木幹夫
発行所　株式会社翔泳社（http://www.shoeisha.co.jp/）
印刷・製本　株式会社シナノ

ISBN 978-4-7981-4611-9　Printed in Japan